LIBRO DEL ALUMNO

Curso de español basado en el enfoque por tareas

Ernesto Martín Peris
Nuria Sánchez Quintana
Neus Sans Baulenas

3

gente

Nueva Edición

Esta nueva edición de GENTE 3, al igual que las de GENTE 1 y GENTE 2, es el resultado de las sugerencias, de las reacciones y de los comentarios de los usuarios del método desde su publicación.

Nuestra mayor satisfacción es que GENTE, el primer manual de español como lengua extranjera basado en el enfoque por tareas, ha recibido por parte de profesores y de alumnos una respuesta decididamente positiva. Escuelas de idiomas, universidades y centros del Instituto Cervantes de todo el mundo han elegido nuestro manual para enseñar español. Las razones son diversas pero todas nos remiten a las características del enfoque por tareas. Como resumió una usuaria del método, "GENTE *respeta la inteligencia del alumno y del profesor; plantea una manera democrática de enseñar porque al tener como punto de partida la propia identidad de los alumnos, estos siempre tienen algo que aportar y se sienten involucrados en el proceso de aprendizaje.*"

Por otro lado, y más allá de las opiniones individuales de profesores y de alumnos, un acontecimiento de enorme importancia ha venido a avalar el enfoque metodológico de GENTE: la publicación del **Marco común europeo de referencia para las lenguas: aprendizaje, enseñanza, evaluación de lenguas.** Este documento, fruto de diez años de investigación llevada a cabo por especialistas de la lingüística aplicada y de la pedagogía procedentes de todo el mundo, ha dado un impulso decisivo a las tareas al afirmar que "el enfoque aquí adoptado, en sentido general, se centra en la acción en tanto que considera a los usuarios y alumnos que aprenden una lengua principalmente como agentes sociales, es decir, como miembros de una sociedad que tiene tareas (no solo relacionadas con la lengua) que llevar a cabo en una serie determinada de circunstancias, en un entorno específico y dentro de una campo de acción concreto".

Así pues, la respuesta positiva de profesores y de alumnos, y la actualidad del enfoque, nos han estimulado a realizar una nueva edición de GENTE. Para ello hemos emprendido una cuidadosa revisión del manual, asesorados por una serie de equipos internacionales que han aportado su experiencia docente para mejorarlo.

Varios han sido los criterios y objetivos de esta revisión:
– **Revisión didáctica**: los equipos de asesores y los autores han realizado un detallado análisis de todas las actividades del manual con el objetivo de modificar (incluso de sustituir en los casos necesarios) aquellas que no satisfacían plenamente a profesores o a alumnos. En otros casos, simplemente se han propuesto cambios destinados a hacer más transparentes las dinámicas propuestas.
– **Adecuación al Marco de referencia y al Portfolio europeo de las lenguas**: la revisión realizada ha tenido también como objetivo potenciar los aspectos metodológicos más cercanos al enfoque que propugna el Marco. Además, se han señalado con un icono aquellas actividades susceptibles de ser incorporadas al Portfolio europeo de las lenguas, lo que refuerza los mecanismos de autoevaluación y concienciación del proceso de aprendizaje.
– **Actualización**: se han actualizado imágenes, personajes, monedas europeas y datos socioculturales.
– **Adaptación gráfica**: el equipo de diseñadores ha llevado a cabo una relectura del diseño original para hacer más clara y práctica la estructura del manual y de las unidades, poniendo de relieve las cinco secciones y mejorando la legibilidad y la claridad de algunos recursos gráficos.
– **Consultorio gramatical**: los resúmenes gramaticales del *Libro de trabajo* se han trasladado al *Libro del alumno*. El objetivo es potenciar el uso de esta herramienta y estimular la autonomía del alumno.
– **Libro de trabajo**: se han revisado los ejercicios.
– **CD audio**: para favorecer el trabajo autónomo del aprendiz, se incluyen en el *Libro del alumno* y el *Libro de trabajo* los CD con las audiciones de ambos libros.

Estamos plenamente convencidos de que con esta nueva edición de GENTE, la rentabilidad didáctica del método será mucho mayor tanto para profesores como para alumnos.

Cómo funciona *gente*

EN CONTEXTO. Estas páginas presentan documentos con imágenes, textos escritos y textos orales similares a los que vas a encontrar en situaciones reales. Sirven para ponerte en contacto con los contenidos de la unidad y para desarrollar tu capacidad de comprender.

- Se presentan los objetivos y los contenidos gramaticales de la unidad.

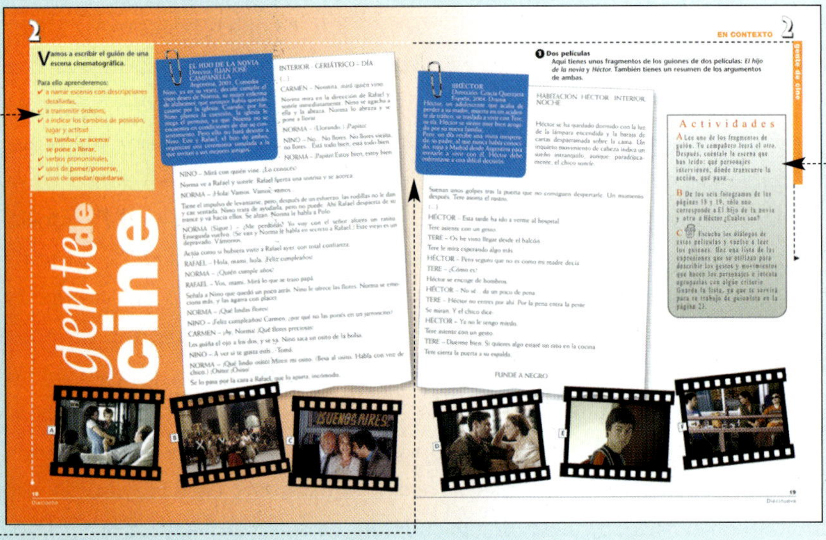

- Hay textos muy variados: conversaciones, anuncios, artículos de prensa, programas de radio, folletos, etc.
- Lo que vamos a hacer con cada documento está en el cuadro "Actividades".

CÓMO TRABAJAR CON ESTAS PÁGINAS

✓ Desde el principio vas a leer y a escuchar ejemplos auténticos del español de todos los días. No te preocupes si no lo entiendes absolutamente todo. No es necesario para realizar las actividades.

✓ Encontrarás nuevas estructuras y nuevos contenidos. Tranquilo, en las siguientes secciones vamos a profundizar en su uso.

FORMAS Y RECURSOS. En las actividades de estas páginas vamos a fijar la atención en algunos aspectos gramaticales pensando siempre en cómo se usan y para qué sirven en la comunicación.

- Todos los recursos lingüísticos que se practican los encontrarás agrupados en una columna central. Esta "chuleta" te ayudará a realizar las actividades y podrás consultarla siempre que lo necesites.

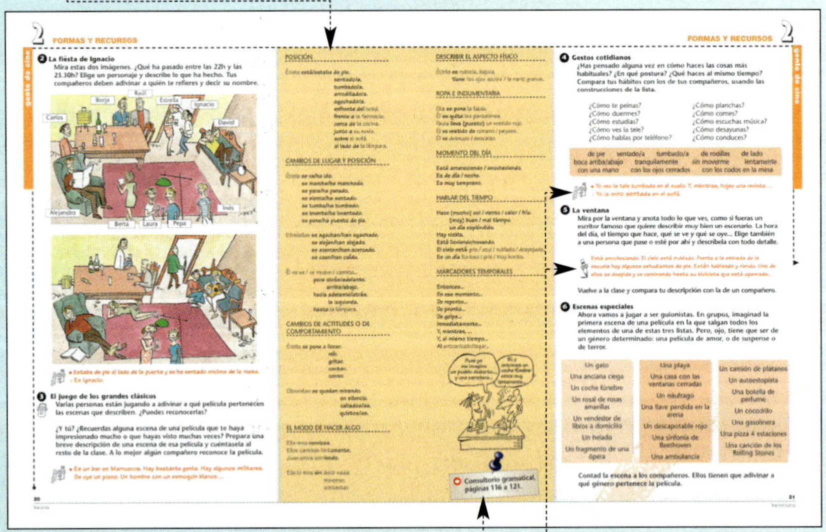

CÓMO TRABAJAR CON ESTAS PÁGINAS

✓ Muchas veces tendrás que trabajar con uno o con varios compañeros y así practicaremos de una forma interactiva.

✓ En otras ocasiones te proponemos actividades en las que deberás explorar la lengua, fijarte en sus estructuras y en sus mecanismos para comprender mejor alguna regla determinada.

- En esta nota te indicamos las páginas del "Consultorio gramatical" de esta unidad, que se halla al final del libro, donde podrás ampliar las explicaciones que tienes en la "chuleta".

- Estos iconos presentan ejemplos que te servirán de apoyo para preparar tus propias producciones orales o escritas.

TAREAS. Aquí encontrarás tareas para realizar en cooperación, en pequeños grupos o con toda la clase. Son actividades que nos permitirán vivir en el aula situaciones de comunicación similares a las de la vida real: resolver un problema, ponerse de acuerdo con los compañeros, intercambiar información con ellos y elaborar un texto, entre otras.

En muchas ocasiones, la doble página aporta nuevos recursos prácticos para la presentación del resultado de la tarea o para su preparación en grupos. Estos recursos se recogen en el apartado "Os será útil".

Este icono indica qué actividades puedes incorporar a tu Portfolio.

CÓMO TRABAJAR CON ESTAS PÁGINAS

✓ Lo más importante es la fluidez y la eficacia comunicativas. Recuerda que en páginas anteriores ya hemos practicado las herramientas lingüísticas que necesitas para comunicarte con tus compañeros; lo esencial ahora es llegar a manejar, en contexto, de forma natural y efectiva, lo que hemos estudiado.

✓ En la fase de preparación, pregunta al profesor lo que necesites saber, o bien búscalo en el libro o en el diccionario, y discute con tus compañeros todo lo que consideres necesario para mejorar "el producto".

MUNDOS EN CONTACTO. En estas páginas encontrarás información y propuestas para reflexionar sobre el mundo hispanohablante, tanto sobre la vida cotidiana como sobre otros aspectos: históricos, artísticos, etc.

En estas páginas encontraremos textos y actividades que nos ayudarán a entender mejor las sociedades hispanohablantes y nuestra propia cultura.

CÓMO TRABAJAR CON ESTAS PÁGINAS

✓ Muchas veces tendremos que reflexionar sobre nuestra propia identidad cultural y sobre nuestras propias experiencias para poder entender mejor las otras realidades culturales.

✓ Hay textos que te pueden parecer complejos. Pero ten en cuenta que solo tienes que entenderlos, no se trata de producir textos similares.

índice

1 gente y palabras

Tarea

Confeccionar nuestro diccionario personal.

Comunicación

Manejar el diccionario.
Definir palabras.
Comparar palabras en varias lenguas.
Hablar de nuestra relación con las palabras y de su aprendizaje.
Evocar experiencias pasadas.
Relatar anécdotas.

Sistema Formal

Familias de palabras de la misma raíz léxica (I).
Formación de antónimos. Prefijos: **anti-, a-, in-, i-, im-, ir-, des-**.
Frases de relativo con preposición: **en, con, sobre el/la/los/las que...** Alternancia **que/quien.**
Construcciones comparativas (I): **es como/una especie de...** + *sustantivo.*
Construcciones pronominales: **traerle a alguien buenos recuerdos, venirle a la memoria, recordarle.**

Vocabulario

Abreviaturas de los diccionarios.
Palabras genéricas: **objeto / utensilio / líquido / recipiente...**

Textos

Diccionarios - Conversaciones - Cuento literario - Texto divulgativo.

2 gente de cine

Tarea

Escribir el guión de una escena cinematográfica.

Comunicación

Describir un escenario: momento, lugar, personas y objetos que en él se encuentran; tiempo atmosférico.
Ubicar personas y describir su posición.
Describir el aspecto de las personas: físico e indumentaria.
Describir cambios de actitud y de comportamiento; de posición y de ubicación.
Relacionar temporalmente acciones o situaciones.
Modos de realizar acciones.
Dar instrucciones.
Referir palabras de otro.

Sistema Formal

Marcadores espaciales de ubicación y de dirección: **enfrente de, frente a, cerca de...**
Construcciones impersonales para hablar del tiempo atmosférico:
hacer / haber / estar / ser.
Describir el aspecto físico: **ser, tener, llevar.**
Verbos de cambio (I), en perífrasis (I): **ponerse a** + *Infinitivo,* **quedarse** + *Gerundio / Participio.*
Verbos reflexivos: **ponerse, quitarse, tumbarse...**
Marcadores y construcciones temporales (I): **entonces, en ese momento, de repente, de golpe, inmediatamente; y, mientras,...; y, al mismo tiempo...; al** + *Infinitivo.*
Construcciones modales: *adjetivos, adverbios en* **–mente,** *Gerundio,* **sin** + *Infinitivo.*
Usos del *Presente:* dar instrucciones.
Estilo indirecto (I): **proponer/pedir/... que** + *Presente de Subjuntivo,* **decir que** + *Presente de Indicativo.*

Vocabulario

Posición y movimiento.
Ropa e indumentaria.
Aspecto físico.
Gestos y posturas.
Cine.

Textos

Guiones cinematográficos - Conversaciones informales - Bandas sonoras de películas - Fragmento de novela.

3 gente genial

Tarea

Elegir tres personas muy importantes para la historia de la Humanidad y defender sus méritos.

Comunicación

Referirse a datos biográficos: origen, residencia, profesión, estado civil, relaciones familiares, fallecimiento, etc.
Valorar acciones, logros y cualidades.
Restar importancia a una valoración.
Describir cambios en la vida o en la personalidad de alguien.
Relatar acontecimientos históricos.

Sistema Formal

Usos del *Imperfecto* y del *Indefinido.*
Marcadores y construcciones temporales (II): **durante** toda su vida/infancia...; **de** niño / joven / mayor /...; **al cabo de...; unos** años / meses /... **más tarde; poco después; después de** + *Infinitivo.*
Presente histórico.
Verbos de cambio (II): **hacerse, quedarse, volverse, ponerse, convertirse en, cambiar.**
Perífrasis (II): **dejar de** + *Infinitivo;* **seguir** + *Gerundio.*
Construcciones comparativas (II): **no tan... como..., mucho más... que...**

Vocabulario

El ámbito de la biografía.
Cualidades de las personas.

Textos

Biografías - Textos enciclopédicos y de divulgación - Conversaciones - Artículo de opinión - Noticia de periódico.

	4 gente y aventura	5 gente con derechos	6 gente con corazón
Tarea	Preparar una expedición de aventura.	Elaborar la declaración de derechos de un colectivo.	Enjuiciar las relaciones que mantuvo un grupo de personas y simular una discusión entre ellas.
Comunicación	Describir espacios naturales y condiciones climáticas. Expresar finalidad. Expresar resignación. Expresar certeza y probabilidad. Relacionar acontecimientos futuros. Hablar de planes e intenciones. Expresar condiciones. Proponer soluciones ante posibles incidentes.	Argumentar y negociar Organizar informaciones, elementos de una enumeración y argumentos. Hacer propuestas y sugerencias. Aceptar propuestas con condiciones. Expresar derechos, obligaciones y prohibiciones.	Describir caracteres, actitudes y sentimientos referidos al pasado. Relatar y valorar situaciones y hechos pasados. Expresar sentimientos respecto a situaciones o a hechos pasados. Justificar o criticar comportamientos. Presentar información desde diferentes puntos de vista. Disculpar(se) y culpabilizar(se).
Sistema formal	Construcciones finales (I): **para** + *Infinitivo*, **para que** + *Subjuntivo*, **por si** + *Indicativo*, **no vaya a ser que** + *Subjuntivo*. Marcadores de probabilidad: **quizás / probablemente** /... + *Indicativo / Subjuntivo*. Marcadores y construcciones temporales (III): **cuando / en cuanto / tan pronto como / hasta que** + *Presente de Subjuntivo*. Formación y usos del *Imperfecto de Subjuntivo*. Construcciones condicionales (I): **si** + *Presente de Indicativo;* **si** + *Imperfecto de Subjuntivo;* **siempre y cuando / en el caso de que / a no ser que** + *Presente de Subjuntivo*. Usos de **lo** (I): **lo más** + *adjetivo*.	Usos del *Condicional:* **habría que / deberíamos** + *Infinitivo*. Subordinadas sustantivas (I): **proponer, ser conveniente** + *Infinitivo* / **que** + *Presente de Subjuntivo / Imperfecto de Subjuntivo*. Construcciones condicionales (II): **siempre que, siempre y cuando, con tal de que** + *Presente de Subjuntivo*. Usos de **lo** (II), como atributo: **lo parece/n, lo es / son.** Perífrasis (III) de obligación: **haber de / deber** + *Infinitivo*. Marcadores temporales (IV): **a partir de** ahora/del próximo día 1; **de ahora en adelante; desde** este momento / mismo instante... Organizadores discursivos: **tal vez no..., pero sí...; serán..., pero más lo son...; ni..., ni..., (ni tampoco...,) y ni siquiera...; y..., y..., (y también...,) e incluso...**	Subordinadas sustantivas (II), con verbo principal de afección y sentimiento (I): **querer/gustar/no soportar/...** + *Presente de Subjuntivo/Imperfecto de Subjuntivo*. Subordinadas sustantivas (III): **Es normal/lógico/una pena/...** + **que** + *Imperfecto de Subjuntivo*. Usos del *Indefinido:* valoración de un período. **Pasarlo bien / mal.** Marcadores discursivos relativos a la presentación o solicitud de información: **según** *él/ella;* **te lo aseguro / prometo; dicen que, según parece; lo cierto es que, de todas maneras; en el fondo, a fin de cuentas, hay que reconocer que; por suerte, por desgracia, por fin; para colmo, encima, lo que es peor, la verdad; en resumen, total que; lo que pasa es que; y entonces, ¿qué/cómo/...?, ¿cómo es que...?**
Vocabulario	Objetos y herramientas relacionados con viajes. Geografía, clima y naturaleza. El ámbito de los viajes: transportes, equipaje, incidentes, etc.	El ámbito de los animales. Temas y reivindicaciones sociales. Colectivos sociales: los no fumadores, los adolescentes, los consumidores...	Relaciones personales y afectivas.
Textos	Folletos de viajes - Entrevista en prensa escrita - Manual de supervivencia - Reportaje de viajes - Conversaciones.	Eslóganes - Debates - Declaraciones de derechos - Relato breve - Artículo de periódico.	Prensa del corazón - Entrevista radiofónica - Conversaciones - Diario personal - Poema - Informe estadístico.

	7 gente utópica	8 gente y productos	9 gente y culturas
Tarea	Elaborar el programa de un nuevo grupo político y celebrar elecciones en clase.	Preparar una breve conferencia sobre un producto.	Escribir un correo electrónico a alguien que quiere visitar nuestro país.
Comunicación	Expresar rechazo y quejarse. Expresar deseos. Aludir a temas. Hacer promesas. Exponer propuestas y argumentarlas. Expresar finalidad. Referirse a ventajas e inconvenientes.	Estructurar la información en un registro fomal: contraponer informaciones y datos, resaltar aspectos, reformular, sacar conclusiones, ejemplificar. Describir características y cualidades de un producto. Relacionar causas y consecuencias. Estructurar una conferencia.	Referirse a costumbres y a hábitos personales y colectivos. Expresar y contraponer gustos y preferencias. Constrastar usos y costumbres. Manifestar sorpresa. Deshacer malentendidos o prevenirlos. Recomendar y advertir. Expresar deseos y felicitar. Estructurar un correo electrónico.
Sistema Formal	Construcciones con verbos de afección y sentimiento (II): **No soportar / no aguantar / estar harto de / fastidiar / molestar / indignar.** Subordinadas sustantivas (IV): *Verbo + sustantivo / Infinitivo /* **que** + *Subjuntivo:* **no soporto las mentiras / mentir / que me mientan.** Usos de **lo** (III): **lo que** + *verbo,* **lo de** + *sustantivo / Infinitivo,* **lo** + *adjetivo.* **Me gustaría** + *Infinitivo* / **Me gustaría que** + *Imperfecto de Subjuntivo.* Intensificadores: **muchísimo, enormemente, tremendamente...** Usos del Futuro: prometer o declarar intenciones. Construcciones finales (II): **para / a fin de** + *Infinitivo,* **para que / a fin de que** + *Subjuntivo.*	Formación de palabras (II), sustantivos derivados de verbos: **-ción, -te, -miento, -ado...** Anteposicion del adjetivo. Adverbios en **-mente,** usos discursivos: **esencialmente, precisamente, indudablemente...** Construcciones causales: **por** + *sustantivo /* **porque** + *verbo.* Construcciones concesivas: **a pesar de** + *Infinitivo,* **aunque** + *Indicativo / Subjuntivo.* Organizadores discursivos (I): **en cuanto a, en lo que se refiere a; esto es, es decir; por tanto, tanto es así que, es por esta razón (por la) que; por el contrario, a pesar de ello; por ejemplo, en concreto, en particular...** Marcas de registro formal y de registro informal.	Verbos con usos y régimen particulares: **pasar / pasarlo; quedar / quedarse; parecer / parecerse; soler.** Verbos pronominales: **resultar / parecer** + *adjetivo;* **extrañar, sorprender.** Construcción pasiva refleja con **se.** Marcadores de oposición: **mientras que, en cambio; no creas que / no vayas a pensar que** + *Indicativo,* **lo que pasa es que...; no es que** + *Presente de Subjuntivo,* **sino que** + *Indicativo.* *Imperativo negativo:* **no hagas / no digas / no se te ocurra** + *Infinitivo.* **Que** + *Presente de Subjuntivo* en fórmulas de deseo. Organizadores discursivos (II): **tener en cuenta que; con respecto a; eso vale también para, igual sucede con; en cambio, si se trata de...**
Vocabulario	Vida política: organización y temas de debate.	Productos, alimentarios e industriales, y sus procesos de elaboración.	Fiestas populares. Hábitos y valores culturales. Patrones de comportamiento.
Textos	Suplemento de prensa- Encuesta radiofónica - Siglas de partidos políticos - Propaganda electoral - Entrevista electoral en la radio - Letras de canciones.	Página web de una organización empresarial - Conferencias - Folleto publicitario - Artículos de divulgación - Carta de restaurante - Artículo de prensa económica.	Entrevistas en prensa y en radio - Conversaciones - Tarjetas de felicitación - Correos electrónicos - Artículo de opinión.

10 gente y emociones

Tarea
Elaborar un cuestionario sobre la personalidad de los compañeros.

Comunicación
Plantear situaciones hipotéticas en el presente y en el pasado.
Referir conversaciones.
Valorar comportamientos pasados.
Hablar de habilidades propias y ajenas.
Expresar matices sobre circunstancias temporales.

Sistema Formal
Condicional compuesto: morfología y usos.
Pluscuamperfecto de Subjuntivo: morfología y usos.
Construcciones condicionales (III): **si** + *Pluscuamperfecto de Subjuntivo, Condicional compuesto / Pluscuamperfecto de Subjuntivo.*
Tendría/s que, debería/s, habría sido mejor, podría/s + *Infinitivo compuesto.*
Estilo indirecto (II).
Marcadores y construcciones temporales (V): *Gerundio;* **al** + *Infinitivo;* **antes de / después de** + *Infinitivo;* **mientras, (justo) en el momento en que...**
Perífrasis (IV): **estar a punto de** + *Infinitivo,* **acabar de** + *Infinitivo.*
Dársele / hacerlo bien / mal; ser un/a + *adjetivo calificativo:* **ser un negado / genio /... para...**
Ser capaz de...

Vocabulario
Ámbito de las cualidades intelectuales y de las habilidades personales.
Reacciones y comportamientos.
Habilidades personales.

Textos
Revista de divulgación científica- Conversaciones - Relato - Test de personalidad - Citas.

11 gente justa

Tarea
Preparar y realizar un juicio popular.

Comunicación
Expresar juicios morales.
Criticar y defender acciones.
Argumentar.
Referirse a algo conocido.

Sistema Formal
Subordinadas sustantivas (V): *Infinitivo* / **que** + *Presente de Subjuntivo* / **que** + *Pretérito Perfecto de Subjuntivo,* en función de sujeto.
Parecer y **estar** en expresión de juicios: **me/te/le/... parece** + *adjetivo / adverbio;* **estar** + *adverbio.*
Subordinadas sustantivas (VI): **es cierto que** + *Indicativo,* **pero también es verdad que...; no es cierto que** + *Subjuntivo,* **lo que pasó es que...; es verdad, pero lo que no está claro/no se puede decir es que...**
El/la/los/las + de + *Sustantivo.*
Construcciones condicionales (IV): **de** + *Infinitivo compuesto.*
Salir / resultar + *Gerundio,* **salir / resultar** + *Participio.*
Régimen preposicional: **aprovecharse de, ser desleal con, confiar en, contar con...**

Vocabulario
Cualidades morales.
La justicia.

Textos
Página web de un medio de comunicación - Programa de radio - Reportaje de prensa - Fábulas literarias.

12 gente que aprende

Tarea
Evaluar nuestros conocimientos de español.

Comunicación
Discutir sobre qué es saber un idioma.
Valorar niveles de competencia.
Debatir sobre la corrección lingüística y la adecuación comunicativa de un texto.
Valorar el progreso realizado durante el curso.

Sistema Formal
Repaso de todos los contenidos tratados en Gente 3.

Vocabulario
Exámenes y pruebas.
El aprendizaje y el uso de lenguas.

Textos
Folleto explicativo de un examen de español como lengua extranjera - Pruebas de lengua - Revista divulgativa.

Vamos a confeccionar nuestro diccionario personal.

Para ello aprenderemos:

- ✔ a evocar experiencias,
- ✔ recursos para definir palabras,
- ✔ a hablar de nuestra relación con las palabras y con su aprendizaje,
- ✔ a hacer un uso más completo del diccionario,
- ✔ frases relativas con preposición **en la que / sobre el que / a quien,**
- ✔ palabras derivadas.

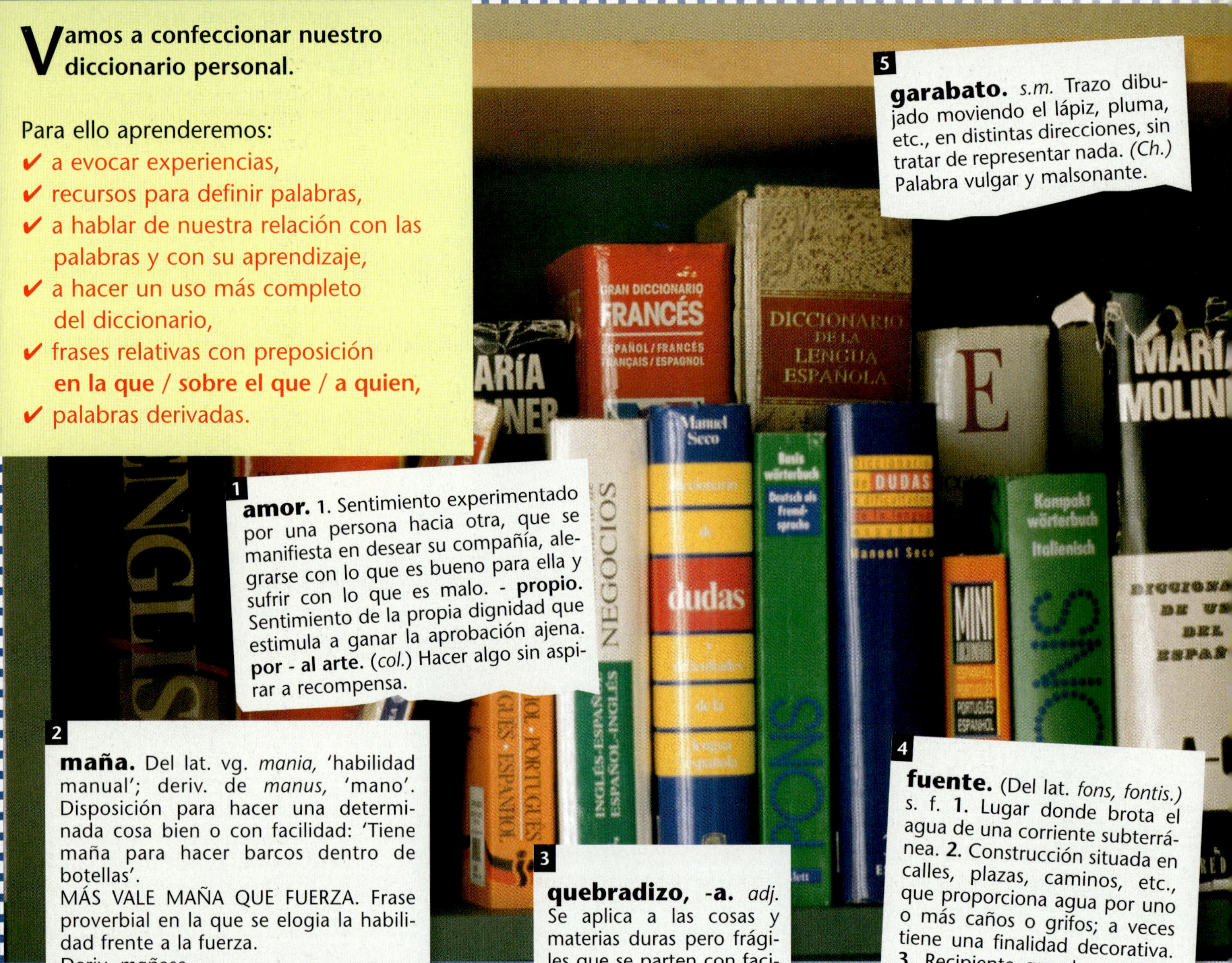

1 **amor.** 1. Sentimiento experimentado por una persona hacia otra, que se manifiesta en desear su compañía, alegrarse con lo que es bueno para ella y sufrir con lo que es malo. - **propio.** Sentimiento de la propia dignidad que estimula a ganar la aprobación ajena. **por - al arte.** (*col.*) Hacer algo sin aspirar a recompensa.

2 **maña.** Del lat. vg. *mania,* 'habilidad manual'; deriv. de *manus,* 'mano'. Disposición para hacer una determinada cosa bien o con facilidad: 'Tiene maña para hacer barcos dentro de botellas'.
MÁS VALE MAÑA QUE FUERZA. Frase proverbial en la que se elogia la habilidad frente a la fuerza.
Deriv. *mañoso*

3 **quebradizo, -a.** *adj.* Se aplica a las cosas y materias duras pero frágiles que se parten con facilidad, como el vidrio o las galletas.

4 **fuente.** (Del lat. *fons, fontis.*) s. f. **1.** Lugar donde brota el agua de una corriente subterránea. **2.** Construcción situada en calles, plazas, caminos, etc., que proporciona agua por uno o más caños o grifos; a veces tiene una finalidad decorativa. **3.** Recipiente grande y más o menos llano en el que se sirven alimentos. **4.** Temas, estilos, obras etc., que influyen en un artista y su trabajo: 'Su fuente de inspiración son los clásicos'. **5.** Origen: 'El restaurante es su única fuente de ingresos'.

5 **garabato.** *s.m.* Trazo dibujado moviendo el lápiz, pluma, etc., en distintas direcciones, sin tratar de representar nada. *(Ch.)* Palabra vulgar y malsonante.

gente y palabras

6

char·co. [tSárko] Pequeño depósito de agua que se forma en los hoyos del terreno, por ejemplo cuando llueve.

7

freír. *v. tr. p. irreg.* [frito] **1** Guisar o preparar un alimento teniéndolo el tiempo preciso en aceite o grasa hirviendo.
2 *intr. (col.)* Estar molesto o fastidiado por algo: 'Siempre llega tarde, me tiene frito'.

8

ho·nes·to -a. [onésto] *adj.* Persona de buen comportamiento, honrada y de fiar. ANT. deshonesto, -a.

1 El diccionario, algo más que palabras

El diccionario se define a sí mismo del siguiente modo: "Recopilación de las palabras de una lengua colocadas por orden alfabético y seguidas de su definición o traducción a otra lengua". Sin embargo, al consultar el diccionario, podemos obtener mucha más información sobre la lengua.

ABREVIATURAS

adj.: adjetivo	*irreg.*: irregular
ANT.: antónimo	*s.*: sustantivo
(col.): coloquial	*vg.*: vulgar
(Ch.): Chile	*p.*: participio
deriv.: derivado	*v.*: verbo
f.: femenino	*tr.*: transitivo
gr.: griego	*lat.*: latín
intr.: intransitivo	*m.*: masculino

Actividades

A **Lee las definiciones de estas dos páginas. ¿En cuáles has encontrado datos sobre los siguientes aspectos? Marca con una X las casillas correspondientes.**

	1	2	3	4	5	6	7	8
a. Origen (etimología)								
b. Pronunciación (transcripción fonética)								
c. Sílaba en la que se produce el impulso de voz (acento)								
d. Número de sílabas (separación silábica)								
e. Género (femenino o masculino)								
f. Irregularidades								
g. Ejemplos de uso								
h. Palabras que significan lo mismo o lo contrario (sinónimos y antónimos)								
i. Grado de formalidad (registro)								
j. Particularidades locales								
k. Frases hechas								

B **Escucha a varias personas que definen de forma espontánea algunos objetos y conceptos. Marca con una cruz qué recursos usan para ello.**

- ❑ Se refieren a ellos con un nombre más general
- ❑ Dicen para qué sirven
- ❑ Los comparan con otra cosa a la que se parecen
- ❑ Hablan de su relación afectiva con ellos
- ❑ Mencionan dónde están o dónde suelen utilizarse
- ❑ Dicen quién los utiliza
- ❑ Dicen el material del que están hechos
- ❑ Se refieren a su valor cultural

• *Uno de ellos se refiere a la lavadora con un nombr11*eral, "electrodoméstico".*

¿Qué diferencias aprecias entre las definiciones de diccionario y las de los hablantes?

C **¿Con tu compañero, cómo definiríais las siguientes palabras: alegría, oveja, alfombra, aburrido/a, interesante, subir, amigo/a, retraso?**

2 Falsos amigos

Algunas palabras tienen casi la misma forma en dos idiomas y sin embargo su significado es muy diferente. Son los llamados **falsos amigos.** Escucha a unas personas, hablantes de español, que sufrieron algunos malentendidos por esa razón.

¿Con qué palabras tuvieron problemas? ¿En qué idiomas tenían un significado diferente? ¿Te ha pasado algo parecido alguna vez? Cuéntaselo a tus compañeros.

¿Qué palabras son **falsos amigos** entre el español y tu lengua?

3 El juego del diccionario

Con un compañero busca en el diccionario la definición de una palabra, escríbela en tu cuaderno e inventa dos definiciones más para despistar. Lee las tres definiciones a los otros compañeros, que tendrán que adivinar cuál es la correcta.

• Hemos elegido *"achicharrar"*.

1: freír, quemar algo en exceso, pero sin destruirlo o estropearlo del todo.

2: acción de apretar con fuerza algún objeto con la intención de extraer de él el jugo.

3: limpiar un objeto de la capa de impurezas, óxido o pintura que lo cubre.

4 Familias de palabras

Muchas veces encontrarás o necesitarás palabras emparentadas con otras que ya conoces. ¿Cómo pueden ser las que faltan en esta tabla?

SUSTANTIVO	ADJETIVO	VERBO	ADVERBIO
	* impresentable		
	significativo		
(la) tapa		*	
	* normal		
*		independizarse	
*	*		decididamente
		* enriquecerse	
	* sensible		
	* aconsejable	*	
(la) alegría		*	

Compara tus hipótesis con las de algún compañero y comprobad con el diccionario si son correctas. ¿Se modifica mucho el significado en las diferentes categorías?

Escribe los antónimos de las palabras marcadas con un asterisco.

COMPARAR PALABRAS EN DOS LENGUAS DIFERENTES

Se parecen mucho pero no significan lo mismo.
Se escriben igual pero se pronuncian de forma diferente.
Suenan casi igual pero se escriben de forma diferente.
Siempre me equivoco con la palabra *librería.*
Me hago un lío con *estas dos palabras.*

DEFINIR

Es un papel **en el que** escribes música. (*Partitura*)
Es de cristal y **normalmente está en** el cuarto de baño. (*Espejo*)
Es una herramienta **que se utiliza para** cortar madera. (*Sierra*)

Es una persona...
un animal...
una planta...
un material...
un lugar...
un producto...
una sustancia...
una cualidad...
una parte de...

una cosa...
un objeto...
un aparato...
un utensilio...
un recipiente...

DEFINIR COMPARANDO

Es una especie de chaqueta **pero** sin mangas. (*Chaleco*)
Es como un camello **pero** con una sola joroba. (*Dromedario*)

PALABRAS DERIVADAS

exagerar	exagera**do/a**
ganar	gana**dor/a**
sorprender	sorpren**dente**
decorar	decorat**ivo/a**
obligar	obligat**orio/a**
aconsejar	aconsej**able**
mundo	mundi**al**
historia	histór**ico/a**
deporte	deport**ivo/a**
aventura	aventur**ero/a**
broma	brom**ista**

ANTÓNIMOS

Con prefijos.

natural	**anti**natural
moral	**a**moral
competente	**in**competente
probable	**im**probable
ordenado/a	**des**ordenado/a
lógico	**i**lógico
real	**i**rreal

Con palabras distintas.

aburrido	**divertido**
rápido	**lento**
rico	**pobre**

FRASES RELATIVAS CON PREPOSICIÓN

Es una cosa **en la que** puedes guardar muchos objetos.
Es un aparato **con el que** puedes preparar zumos.
Es un objeto **sobre el que** sueles dormir.
Es la persona **a la que / a quien** le compras las entradas en el cine.
Una palabra **a la que** le tengo mucho cariño.

EVOCAR

Me trae muy buenos recuerdos de mi infancia.
Pues eso **me recuerda una vez que** me pasó una cosa muy rara.
Me recuerda a un amigo mío.
Me viene a la memoria una vez que fui a Granada.

Consultorio gramatical, páginas 110 a 115.

5 Una palabra con la que...

Busca en la lista de palabras a cuáles corresponden estas cuatro definiciones. Luego escribe las definiciones que faltan, siguiendo el mismo estilo de las demás.

Objeto rectangular, de espuma, lana, u otros materiales, **sobre el que** las personas duermen.

Persona **a la que**/**a quien** le compras las entradas para el cine.

Aparato eléctrico **en el que** se guardan los alimentos para su conservación.

Objeto metálico **con el que** se llevan los alimentos líquidos a la boca.

- bolígrafo
- batidora
- cuchara
- peluquería
- papelera
- sombrilla
- colchón
- armario
- taquillera
- esponja
- cartera
- nevera

6 ¿Qué recuerdos te trae...?

Cuéntale a tu compañero qué te evocan estas palabras o las correspondientes en tu lengua materna.

verano   juego   escuela   examen   colección

- Pues, la palabra "verano" me trae muy buenos recuerdos de mi infancia, cuando iba con mi familia a un pueblo pequeño en la costa.
- Ah, ¿sí? ¿Dónde?

7 La vendedora de palabras

Lee este fragmento del relato *Dos palabras* de Isabel Allende.

Tenía el nombre de Belisa Crepusculario, pero no por fe de bautismo o acierto de su madre, sino porque ella misma lo buscó hasta encontrarlo y se vistió con él. Su oficio era vender palabras. Recorría el país, desde las regiones más altas y frías hasta las costas calientes, instalándose en las ferias y en los mercados, donde montaba cuatro palos con un toldo de lienzo, bajo el cual se protegía del sol y de la lluvia para atender a su clientela. No necesitaba pregonar su mercadería, porque de tanto caminar por aquí y por allá, todos la conocían. Había quienes la aguardaban de un año para otro, y cuando aparecía por la aldea con su atado bajo el brazo hacían cola frente a su tenderete. Vendía a precios justos. Por cinco centavos entregaba versos de memoria, por siete mejoraba la calidad de los sueños, por nueve escribía cartas de enamorados, por doce inventaba insultos para enemigos irreconciliables.

(...) A quien le comprara cincuenta centavos, ella le regalaba una palabra secreta para espantar la melancolía. No era la misma para todos, por supuesto, porque eso habría sido un engaño colectivo. Cada uno recibía la suya con la certeza de que nadie más la empleaba para ese fin en el universo y más allá.

(*...había descubierto...*) ...por casualidad la escritura. Al llegar a una aldea en las proximidades de la costa, el viento colocó a sus pies una hoja de periódico. Ella tomó el papel amarillo y quebradizo y estuvo largo rato observándolo sin adivinar su uso, hasta que la curiosidad pudo más que su timidez. Se acercó a un hombre que lavaba un caballo en el mismo charco turbio donde ella saciara su sed.

–¿Qué es esto? - preguntó.

–La página deportiva del periódico - replicó el hombre sin dar muestras de asombro ante su ignorancia.

La respuesta dejó atónita a la muchacha, pero no quiso parecer descarada y se limitó a inquirir el significado de las patitas de mosca dibujadas sobre el papel.

–Son palabras, niña. Allí dice que Fulgencio Barba noqueó al Negro Tiznao en el tercer *round*.

Ese día Belisa Crepusculario se enteró de que las palabras andan sueltas sin dueño y cualquiera con un poco de maña puede apoderarse de ellas. Consideró su situación y concluyó que aparte de prostituirse o emplearse como sirvienta en las cocinas de los ricos, eran pocas las ocupaciones que podía desempeñar. Vender palabras le pareció una alternativa decente. A partir de ese momento ejerció esa profesión y nunca le interesó otra. Al principio ofrecía su mercancía sin sospechar que las palabras podían también escribirse fuera de los periódicos. Cuando lo supo calculó las infinitas proyecciones de su negocio, con sus ahorros le pagó veinte pesos a un cura para que le enseñara a leer y escribir y con los tres que sobraron se compró un diccionario. Lo revisó desde la A hasta la Z y luego lo lanzó al mar, porque no era su intención estafar a los clientes con palabras envasadas.

Isabel Allende, *Cuentos de Eva Luna* (1989)

Piensa en dos palabras en español que regalarías a tu compañero:

- para ahuyentar la melancolía,
- para conquistar a la persona con la que sueña,
- para mejorar la calidad de los sueños,
- para...

OS SERÁ ÚTIL...

¿Con qué palabra te identificas?

¿Te acuerdas de cuál fue la primera palabra que aprendiste en español?

Creo que "cafelito" se usa en una situación relajada entre conocidos.

8 Tus palabras

Cada uno de nosotros tiene un universo personal de palabras. Las aprende, o porque son importantes en su vida cotidiana, o en su cultura, o simplemente porque le gustan. Como una clase es una pequeña sociedad que tiene que compartir muchas cosas, vamos a confeccionar nuestro diccionario particular. Primero, individualmente escribe:

- Una palabra que te trae buenos recuerdos.
- Una palabra con la que te identificas.
- Una palabra a la que le tienes manía.
- Una palabra que te suena bien.
- Una palabra que te parece muy necesaria.
- La primera palabra que aprendiste en español.

Comenta tu lista con dos compañeros y explícales qué significan las palabras que no conocen. Poned en común vuestras impresiones y las razones que os han llevado a elegir una u otra palabra.

• Pues a mí una palabra que me trae buenos recuerdos es "guacamole" porque me recuerda una vez que fui a una fiesta en casa de unos amigos mexicanos y...

Entre los tres confeccionaréis un pequeño diccionario con definiciones sencillas. De vuestras listas, elegid tres palabras en total, las que creáis que los otros compañeros no conocen, y escribid su definición.

Espejismo: es un efecto óptico que se produce por ejemplo en el desierto, que parece que hay agua y en realidad no hay nada.

9 ¿Cómo se usan?

Para aprender bien una palabra, hay que saber una serie de cosas sobre ella. Intercambiad vuestra lista y vuestras definiciones con otro grupo. Intentad crear el contexto de las palabras definidas por vuestros compañeros.

PALABRA: *aceite*

EJEMPLO DE USO:	LO QUE SABEMOS SOBRE ESA PALABRA:
Me encanta el aceite de oliva, frito con ajo, sobre una rodaja de bacalao.	¿Con qué frecuencia creéis que se utiliza? *Con mucha, en las comidas, el mercado...*
¿Quién la dice? *Una chica.*	¿En qué situaciones? *Para pedirlo en la mesa o en la tienda, para dar recetas de cocina,*
¿A quién? *A su novio.*	¿De qué palabras suele ir acompañada? *LLevar, poner, echar / de oliva, de girasol,...*
¿Con qué intención? *Que él prepare esa comida.*	¿Con qué otras palabras la asociáis? *Ensalada, paella, vinagre...*

Leed el texto a los compañeros. Estos os dirán si habéis entendido bien el uso y significado de esas palabras.

De todas las palabras del diccionario de la clase, si pudieras comprar una, ¿cuál sería? ¿Por qué?

UNA LENGUA, MUCHAS LENGUAS

Una lengua vive, crece, se transforma. Una lengua evoluciona en permanente contacto con otras lenguas, convive, comparte cosas con ellas. Una lengua se crea, la inventan sus hablantes, que se relacionan con hablantes de otras lenguas, y entre ellos intercambian palabras.
El español es una lengua con una historia marcada por los continuos contactos con otras civilizaciones, que han dejado su huella en este idioma.
Por el origen de las palabras podemos conocer la historia de la lengua y de los hablantes que la han ido forjando.

1

Los primeros pobladores de la península fueron los íberos en la zona del mediterráneo y los celtas, en el noroeste. Su influencia en el español de hoy se limita a términos relacionados con la naturaleza y la vida material. De los íberos se conservan palabras como **barranco, barro, arroyo, conejo...** De los celtas, algunas que se refieren al terreno como páramo, o a plantas y animales como **álamo** o **toro.**

2

Grecia proporcionó nombres de conceptos abstractos y actividades del espíritu: **idea, filosofía, música, poesía, tragedia, ritmo, escuela, pedagogía,** etc. La ciencia y filosofía actuales han incorporado gran cantidad de helenismos; muchos de ellos son compuestos o derivados de reciente formación, como **teléfono,** de ***tele*** (distancia) y ***phono*** (con sonido); **televisión,** etc.

3

La base del español es la lengua latina ya que la península estuvo varios siglos bajo el poder de Roma. Del latín se conserva muchísimo léxico, sobre todo, en el ámbito de las leyes, la arquitectura y el urbanismo, como **puente, fuente, calle, abogado/a...**

4

Las relaciones entre el pueblo germano (visigodos en la península) y el romano dieron lugar a un gran intercambio de palabras. En español se conservan nombres de productos importados del norte, como **jabón,** del germánico ***saipo;*** así como vocabulario militar, como la palabra **guerra.**

5

El componente árabe fue, después del latino, el más importante del vocabulario español hasta el siglo XVI. Los árabes perfeccionaron el sistema romano de riegos y fueron hábiles agricultores. De este campo perviven muchas palabras, como **zanahoria, berenjena, algodón, azúcar, aceitunas...** En el sector de la construcción introdujeron nuevos materiales y elementos decorativos; los albañiles colocaban **azulejos**, los suelos se cubrían de **alfombras**, y en las camas se ponían **almohadas.** Las matemáticas deben a los árabes no solo el sistema de numeración, sino grandes progresos como el **álgebra** o, en química, la **alquimia.**

6

El contacto con América supuso el conocimiento de nuevos elementos y productos de la naturaleza, que se introdujeron en Europa con su correspondiente palabra: **tomate, aguacate, patata, chocolate,** etc.

7

En el siglo XVII lo francés se consideraba de buen gusto, y por eso la introducción de voces francesas se intensificó en esa época y continuó en los siglos posteriores. La moda que irradiaba París trajo **chaqueta, pantalón, satén,** etc. Al alojamiento y a la vivienda se refieren **hotel** y **chalet**, y al mobiliario, **sofá**. Relacionadas con la cocina, **croqueta, merengue** y muchas otras.

8

Del italiano se tomaron términos relacionados con la música y el arte, como **aria, partitura, batuta,** etc.

9

Pero la mayor influencia actual, sin duda, proviene del inglés. En el deporte (de ***sport***) la entrada de términos ha sido muy abundante: **fútbol, tenis, golf,** etc. También en otros campos esta lengua se ha acomodado muy bien: en la ropa, **jersey, esmoquin**; en los transportes, **charter**; en la música, **rock, blues, jazz**; y, sobre todo, en el mundo de los negocios y de las nuevas tecnologías, **marketing, escanear, chatear...**

10 **Y tu lengua, ¿cómo se ha creado? ¿Qué otras lenguas han intervenido en su formación? ¿Sabes alguna palabra que tenga su origen en otra lengua? ¿Cuál?**

Vamos a escribir el guión de una escena cinematográfica.

Para ello aprenderemos:

- ✔ a narrar escenas con descripciones detalladas,
- ✔ a transmitir órdenes,
- ✔ a indicar los cambios de posición, lugar y actitud **se tumba/ se acerca/ se pone a llorar,**
- ✔ verbos pronominales,
- ✔ usos de **poner/ponerse,**
- ✔ usos de **quedar/quedarse.**

gente de cine

EL HIJO DE LA NOVIA
Dirección: Juan José Campanella
Argentina, 2001. Comedia

Nino, ya en su vejez, decide cumplir el viejo deseo de Norma, su mujer enferma de alzheimer, que siempre había querido casarse por la iglesia. Cuando, por fin, Nino plantea la cuestión, la iglesia le niega el permiso, ya que Norma no se encuentra en condiciones de dar su consentimiento. Pero ello no hará desistir a Nino. Este y Rafael, el hijo de ambos, organizan una ceremonia simulada a la que invitan a sus mejores amigos.

INTERIOR - GERIÁTRICO – DÍA

(...)

CARMEN – Normita, mirá quién vino.

Norma mira en la dirección de Rafael y sonríe inmediatamente. Nino se agacha a ella y la abraza. Norma lo abraza y se pone a llorar.

NORMA – (Llorando.) ¡Papito!

NINO – No... No llores. No llores viejita, no llores... Está todo bien, está todo bien.

NORMA – ¡Papito! Estoy bien, estoy bien.

NINO – Mirá con quién vine. ¿Lo conocés?

Norma ve a Rafael y sonríe. Rafael fuerza una sonrisa y se acerca.

NORMA – ¡Hola! Vamos. Vamos, vamos...

Tiene el impulso de levantarse, pero, después de un esfuerzo, las rodillas no le dan y cae sentada. Nino trata de ayudarla, pero no puede. Ahí Rafael despierta de su trance y va hacia ellos. Se alzan. Norma le habla a Polo.

NORMA (Sigue.) – ¿Me perdonás? Yo voy con el señor afuera un ratito. Enseguida vuelvo. (Se van y Norma le habla en secreto a Rafael.) Este viejo es un depravado. Vámonos.

Actúa como si hubiera visto a Rafael ayer, con total confianza.

RAFAEL – Hola, mami, hola. ¡Feliz cumpleaños!

NORMA – ¿Quién cumple años?

RAFAEL – Vos, mami. Mirá lo que te trajo papá.

Señala a Nino que quedó un poco atrás. Nino le ofrece las flores. Norma se emociona más, y las agarra con placer.

NORMA – ¡Qué lindas flores!

NINO – ¡Feliz cumpleaños! Carmen, ¿por qué no las ponés en un jarroncito?

CARMEN – ¡Ay, Norma! ¡Qué flores preciosas!

Les guiña el ojo a los dos, y se va. Nino saca un osito de la bolsa.

NINO – A ver si te gusta esto... Tomá.

NORMA – ¡Qué lindo osito! Miren mi osito. (Besa al osito. Habla con voz de chico.) ¡Osito! ¡Osito!

Se lo pasa por la cara a Rafael, que lo aparta, incómodo.

A

B

C

1 Dos películas

Aquí tienes unos fragmentos de los guiones de dos películas: *El hijo de la novia* y *Héctor.* También tienes un resumen de los argumentos de ambas.

HÉCTOR
Dirección: Gracia Querejeta
España, 2004. Drama

Héctor, un adolescente que acaba de perder a su madre, muerta en un accidente de tráfico, se traslada a vivir con Tere, su tía. Héctor se siente muy bien acogido por su nueva familia. Pero, un día recibe una visita inesperada; su padre, al que nunca había conocido, viaja a Madrid desde Argentina para invitarle a vivir con él. Héctor debe enfrentarse a una difícil decisión.

HABITACIÓN HÉCTOR. INTERIOR. NOCHE

Héctor se ha quedado dormido con la luz de la lámpara encendida y la baraja de cartas desparramada sobre la cama. Un inquieto movimiento de cabeza indica un sueño intranquilo, aunque, paradójicamente, el chico sonríe.

Suenan unos golpes tras la puerta que no consiguen despertarle. Un momento después, Tere asoma el rostro.

(...)

HÉCTOR – Esta tarde ha ido a verme al hospital.

Tere asiente con un gesto.

TERE – Os he visto llegar desde el balcón.

Tere le mira esperando algo más.

HÉCTOR – Pero seguro que no es como mi madre decía.

TERE – ¿Cómo es?

Héctor se encoge de hombros.

HÉCTOR – No sé... da un poco de pena.

TERE – Héctor no entres por ahí. Por la pena entra la peste.

Se miran. Y el chico dice:

HÉCTOR – Ya no le tengo miedo.

Tere asiente con un gesto.

TERE – Duerme bien. Si quieres algo estaré un rato en la cocina.

Tere cierra la puerta a su espalda.

FUNDE A NEGRO

Actividades

A Lee uno de los fragmentos de guión. Tu compañero leerá el otro. Después, cuéntale la escena que has leído: qué personajes intervienen, dónde transcurre la acción, qué pasa...

B De los seis fotogramas de las páginas 18 y 19, solo uno corresponde a *El hijo de la novia* y otro a *Héctor* ¿Cuáles son?

C Escucha los diálogos de estas películas y vuelve a leer los guiones. Haz una lista de las expresiones que se utilizan para describir los gestos y movimientos que hacen los personajes e intenta agruparlas con algún criterio. Guarda la lista, ya que te servirá para tu trabajo de guionista en la página 23.

D

E

F

2 La fiesta de Ignacio

Mira estas dos imágenes. ¿Qué ha pasado entre las 22h y las 23.30h? Elige un personaje y describe lo que ha hecho. Tus compañeros deben adivinar a quién te refieres y decir su nombre.

- Estaba de pie al lado de la puerta y se ha sentado encima de la mesa.
- Es Ignacio.

3 El juego de los grandes clásicos

Varias personas están jugando a adivinar a qué película pertenecen las escenas que describen. ¿Puedes reconocerlas?

¿Y tú? ¿Recuerdas alguna escena de una película que te haya impresionado mucho o que hayas visto muchas veces? Prepara una breve descripción de una escena de esa película y cuéntasela al resto de la clase. A lo mejor algún compañero reconoce la película.

- Es un bar en Marruecos. Hay bastante gente. Hay algunos militares. Se oye un piano. Un hombre con un esmoquin blanco…

POSICIÓN

Él/ella **está/estaba de pie.**
sentado/a.
tumbado/a.
arrodillado/a.
agachado/a.
enfrente del hotel.
frente a la farmacia.
cerca de la cocina.
junto a su novio.
sobre el sofá.
al lado de la lámpara.

CAMBIOS DE LUGAR Y POSICIÓN

Él/ella **se va/ha ido.**
se marcha/ha marchado.
se para/ha parado.
se sienta/ha sentado.
se tumba/ha tumbado.
se levanta/ha levantado.
se pone/ha puesto de pie.

Ellos/ellas **se agachan/han agachado.**
se alejan/han alejado.
se acercan/han acercado.
se caen/han caído.

Él se va / se mueve / camina...
para atrás/adelante.
arriba/abajo.
hacia adelante/atrás.
la izquierda.
hasta la lámpara.

CAMBIOS DE ACTITUDES O DE COMPORTAMIENTO

Él/ella **se pone a llorar.**
reír.
gritar.
cantar.
correr.

Ellos/ellas **se quedan mirando.**
en silencio.
callados/as.
quietos/as.

EL MODO DE HACER ALGO

Ella mira **nerviosa.**
Ellos caminan lenta**mente.**
Juan entra corr**iendo.**

Ella lo mira **sin** decir nada.
moverse.
contestar.

DESCRIBIR EL ASPECTO FÍSICO

Él/ella **es** rubio/a, bajo/a.
tiene los ojos azules / la nariz grande.

ROPA E INDUMENTARIA

Ella **se pone** la falda.
Él **se quita** los pantalones.
Paula **lleva (puesto)** un vestido rojo.
Él **va vestido de** romano / payaso.
Él **va** desnudo / descalzo.

MOMENTO DEL DÍA

Está amaneciendo / anocheciendo.
Es de día / noche.
Es muy temprano.

HABLAR DEL TIEMPO

Hace (mucho) sol / viento / calor / frío.
(muy) buen / mal tiempo.
un día espléndido.
Hay niebla.
Está lloviendo/nevando.
El cielo está gris / azul / nublado / despejado.
Es un día lluvioso / gris / muy bonito.

MARCADORES TEMPORALES

Entonces...
En ese momento...
De repente...
De pronto...
De golpe...
Inmediatamente...
Y, mientras, ...
Y, al mismo tiempo...
Al entrar/salir/llegar...

Consultorio gramatical, páginas 116 a 121.

4 Gestos cotidianos

¿Has pensado alguna vez en cómo haces las cosas más habituales? ¿En qué postura? ¿Qué haces al mismo tiempo? Compara tus hábitos con los de tus compañeros, usando las construcciones de la lista.

¿Cómo te peinas?
¿Cómo duermes?
¿Cómo estudias?
¿Cómo ves la tele?
¿Cómo hablas por teléfono?
¿Cómo planchas?
¿Cómo comes?
¿Cómo escuchas música?
¿Cómo desayunas?
¿Cómo conduces?

de pie — sentado/a — tumbado/a — de rodillas — de lado
boca arriba/abajo — tranquilamente — sin moverme — lentamente
con una mano — con los ojos cerrados — con los codos en la mesa

- Yo veo la tele tumbada en el suelo. Y, mientras, hojeo una revista...
- Yo la miro sentada en el sofá.

5 La ventana

Mira por la ventana y anota todo lo que ves, como si fueras un escritor famoso que quiere describir muy bien un escenario. La hora del día, el tiempo que hace, qué se ve y qué se oye... Elige también a una persona que pase o esté por ahí y descríbela con todo detalle.

Está anocheciendo. El cielo está nublado. Frente a la entrada de la escuela hay algunos estudiantes de pie. Están hablando y riendo. Uno de ellos se despide y va caminando hasta su moto que está aparcada...

Vuelve a la clase y compara tu descripción con la de un compañero.

6 Escenas especiales

Ahora vamos a jugar a ser guionistas. En grupos, imaginad la primera escena de una película en la que salgan todos los elementos de una de estas tres listas. Pero, ojo, tiene que ser de un género determinado: una película de amor, o de suspense o de terror.

Un gato	Una playa	Un camión de plátanos
Una anciana ciega	Una casa con las ventanas cerradas	Un autoestopista
Un coche fúnebre	Un náufrago	Una botella de perfume
Un rosal de rosas amarillas	Una llave perdida en la arena	Un cocodrilo
Un vendedor de libros a domicilio	Un descapotable rojo	Una gasolinera
Un helado	Una sinfonía de Beethoven	Una pizza 4 estaciones
Un fragmento de una ópera	Una ambulancia	Una canción de los Rolling Stones

Contad la escena a los compañeros. Ellos tienen que adivinar a qué género pertenece la película.

7 El guión de una película

Lee el siguiente guión y elige un fragmento sobre el que quieras trabajar.

MENSAJES EN EL BUZÓN

Verónica y Aldo se han conocido navegando por Internet, en un chat. Hace tres meses que se comunican, pero todavía no se han visto nunca cara a cara. Han descubierto que tienen muchas cosas en común y creen que están enamorados. Un fin de semana deciden encontrarse en un pueblecito, cerca de la playa. Los dos están un poco nerviosos porque, en su comunicación 'virtual', no han dicho toda la verdad y han dado una imagen un poco idealizada de sí mismos. Además, siempre se han comunicado con sus seudónimos (Lila y David) y ninguno de los dos ha visto una foto del otro.

La noche del sábado, ambos se dirigen en coche por la misma carretera, hacia la costa, pero Aldo-David tiene una avería. Su coche se para en un lugar muy aislado y el motor empieza a echar humo. Casualmente, es Verónica-Lila quien se detiene para ayudarle. Desde el primer momento se gustan. También para un coche del que baja un extravagante personaje, que les dice que él no puede hacer nada por ayudarles. Y, misteriosamente, vuelve a marcharse. Aldo-David y Verónica-Lila se han quedado de nuevo solos en la carretera sin saber qué hacer. No pasan casi coches, no hay ningún establecimiento cerca, ni ningún pueblo a la vista. Finalmente, Verónica-Lila le propone a Aldo-David acompañarle hasta el pueblo más próximo. Él lo acepta encantado.

En el pueblo más cercano no hay ningún taller y ya es tarde. Los dos tienen hambre y deciden cenar en un pequeño hotel de carretera. Es un lugar especialmente acogedor. Les atiende Pancho, un hippy cincuentón y charlatán, y un gran cocinero. Este les dice que será difícil encontrar un mecánico antes del lunes y les prepara una cena exquisita. Empiezan a hablar y cada vez se sienten más atraídos el uno por el otro. Hablan de sus gustos y descubren que, aunque no tienen mucho en común, se sienten bien juntos y se ríen de las mismas cosas. A Verónica-Lila le gustan los ojos negros y la mirada un poco triste de Aldo-David y a él le encanta la manera de reírse de Verónica-Lila y su perfume de madreselva. De vez en cuando, ambos recuerdan, sin decir nada, su cita con su 'pareja virtual' y miran el reloj. Ya llegan tarde. Pero se sienten tan a gusto que las horas van pasando.

A medianoche Aldo-David, con el pretexto de ir al servicio, va a llamar a Lila desde su móvil y le deja un mensaje en el buzón de voz: "Lo he pensado mejor, creo que no estoy realmente enamorado de ti. Lo siento. No me esperes en la playa". Al cabo de un rato, Verónica-Lila sale un momento del hostal. Dice que para buscar algo que ha olvidado en el coche. En realidad, quiere llamar a David. Pero en su móvil tiene ya un mensaje suyo. Lo lee y responde: "David: tienes razón, es mejor así. Además, yo no tengo los ojos azules, no sé tocar la guitarra y prefiero la montaña al mar". Es la una de la madrugada, Verónica y Aldo se han quedado solos en el restaurante, y Pancho les dice que ya va a cerrar...

OS SERÁ ÚTIL...

¿Cómo te imaginas al camarero?
Yo me lo imagino alto, con bigote y...

Intervenciones de los actores

¿Qué le dice a la chica?
Le propone que se quede con ella un rato más.
Yo creo que **le pide que se vean** otro día.
Pues le pregunta: "¿Cuándo volveremos a vernos?"

Tú entras y le dices que lo quieres y le pides que no se vaya.

¿Cómo se lo dice?
Yo creo que **se lo dice** sonriendo.

8 Guionistas y directores

Busca entre tus compañeros aquellos que han elegido el mismo fragmento que tú. En grupos de tres, vamos a imitar a los guionistas y a los directores de cine.

A EL CASTING DE ACTORES

Elige de entre los actores y actrices de las listas, o entre otros actores conocidos en tu país, a aquellos que te parecen más adecuados como protagonistas para esta película. Ponte de acuerdo con tu grupo.

- A mí Brad Pitt me parece demasiado joven.
- Yo, al protagonista me lo imagino más moreno...

ACTORES

Samuel L. Jackson
Harrison Ford
Ricardo Darín
Antonio Banderas
Bruce Willis
Leonardo Di Caprio
Brad Pitt
Javier Bardem
____
____
____

ACTRICES

Julia Roberts
Susan Sarandon
Juliette Binoche
Nicole Kidman
Angelina Jolie
Penélope Cruz
Cameron Díaz
Meryl Streep
____
____
____

B LOS DIÁLOGOS Y EL ESCENARIO

Escribid el guión de la escena:

- cómo es el escenario
- cómo son los protagonistas
- qué gestos y qué movimientos hacen
- qué dicen
- cómo lo dicen

C EL RODAJE

Si os gusta hacer teatro, podéis escenificar el guión que habéis escrito. Uno de vosotros puede hacer de director, otro de ayudante de dirección, etc., y dirigir los ensayos y dar instrucciones sobre cómo se debe filmar.
Si os apetece, podéis grabar el sonido, o si tenéis cámara, hacer fotos o filmar durante la representación.

COMO AGUA PARA CHOCOLATE

En una hacienda de la frontera del norte de México, a principios del siglo XX, Pedro y Tita se aman apasionadamente. Pero ésta es la hija menor y, por tradición familiar, tiene que quedarse a vivir con su madre, una mujer muy autoritaria. Pedro, para estar cerca de Tita, se casa con su hermana Rosaura, con la que tiene un hijo al que Tita cría. Gertrudis, la otra hermana huye con un revolucionario.

La autora, Laura Esquivel nos ofrece, a partir de estos elementos, una agridulce historia de amores y desamores, de odios y pasiones, con la revolución mexicana como fondo y, al mismo tiempo, un libro de cocina tradicional. *Como agua para chocolate* (1989) se ha convertido rápidamente en un clásico de la literatura latinoamericana. En 1991, Alfonso Arau dirigió, con guión de la propia autora, la versión cinematográfica, que también fue un gran éxito.

"Estar como agua para chocolate": estar a punto de explotar de rabia o de pasión amorosa.

Tita, al enterarse de la muerte de su sobrino Roberto, hijo de Pedro y de su hermana, al que ella ha criado, se enfrenta violentamente a su madre y cae en una profunda crisis. Su madre quiere enviarla a un manicomio, pero el Doctor Brown, un médico norteamericano, la lleva a su casa, al norte de la frontera y la cuida pacientemente. En esta escena, Chencha, la criada inseparable de Tita, le lleva un caldo que le solía preparar Nacha, su vieja ama ya desaparecida, con el que Tita consigue recuperarse milagrosamente.

CALDO DE COLITA DE RES

INGREDIENTES

2 colitas de res • 1 cebolla • 2 dientes de ajo • 4 jitomates • 1/4 de kilo de ejotes • 2 papas • 4 chiles moritas

MANERA DE HACERSE:

Las colitas partidas se ponen a cocer con un trozo de cebolla, un diente de ajo, sal y pimienta al gusto. Es conveniente poner un poco más de agua de la que normalmente se utiliza para un cocido, teniendo en cuenta que vamos a preparar un caldo. Y un buen caldo que se respete tiene que ser caldoso, sin caer en lo aguado.

Los caldos pueden curar cualquier enfermedad física o mental, bueno, al menos esa era la creencia de Chencha y Tita, que por mucho tiempo no le había dado el crédito suficiente. Ahora no podía menos que aceptarla como cierta.

Hacía tres meses, al probar una cucharada de caldo que Chencha le preparó y le llevó a casa del doctor John Brown, Tita había recobrado toda su cordura. (...)

Escuchó los pasos de John subiendo las escaleras, esperaba con ansia su acostumbrada visita. Las palabras de John eran su único enlace con el mundo (...). Un olor que percibió la sacudió. Era un olor ajeno a esta casa. John abrió la puerta y apareció ¡con una charola en las manos y un plato con caldo de colita de res! ¡Un caldo de colita de res! No podía creerlo. Tras John entró Chencha bañada en lágrimas. El abrazo que se dieron fue breve, para evitar que el caldo se enfriara. Cuando dio el primer sorbo, Nacha llegó a su lado y le acarició la cabeza mientras comía, como lo hacía cuando de niña ella se enfermaba, y la besó repetidamente en la frente. Ahí estaban, junto a Nacha, los juegos de su infancia en la cocina, las salidas al mercado, las tortillas recién cocidas, (...) las tortas de Navidad, su casa, el olor a leche hervida, a pan de natas, a comino, a ajo, a cebolla. Y como toda la vida, al sentir el olor que despedía la cebolla, las lágrimas hicieron su aparición. Lloró como no lo hacía desde el día en que nació. Qué bien le hizo platicar largo rato con Nacha. Igual que en los viejos tiempos, cuando Nacha aún vivía y juntas habían preparado infinidad de veces caldo de colita de res. Rieron al revivir esos momentos y lloraron al recordar los pasos a seguir en la preparación de esta receta. Por fin había logrado recordar una receta (...).

John interrumpió estos recuerdos al entrar bruscamente en el cuarto, alarmado por el riachuelo que corría escaleras abajo. Cuando se dio cuenta de que se trataba de las lágrimas de Tita, John bendijo a Chencha y a su caldo de colita por haber logrado lo que ninguna de su medicinas había podido: hacer llorar a Tita de esa manera.

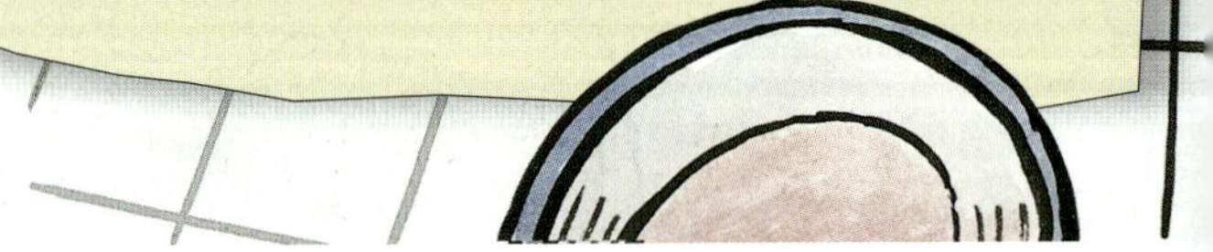

9 Haz una lista de todos los personajes que se mencionan en los textos. Algunos aparecen en los fotogramas. ¿Puedes reconocerlos?

10 ¿Y para ti? ¿Hay algún plato o algún sabor que te lleva al pasado? ¿Qué te evoca? Descríbelo.

Vamos a elegir a tres personas de la historia de la Humanidad que consideremos muy importantes por algún motivo.

Para ello aprenderemos:
- ✔ a referirnos y a valorar datos biográficos,
- ✔ usos de Imperfecto / Indefinido
  vivió en Italia / **era** pintor,
- ✔ a defender los méritos de un personaje,
- ✔ a expresar transformaciones con
  hacerse / **quedarse**,
- ✔ perífrasis verbales.

Mariana Pineda fue una heroína española, de principios del siglo XIX, que vivió en Granada. Había nacido en esa ciudad en el año 1804 y murió también en ella en 1831. Solo tenía, pues, 27 años en el momento de su muerte. Era la viuda de un rico propietario, con quien había tenido dos hijos. Fue acusada de haber bordado una bandera morada con las palabras "Ley. Libertad. Igualdad"; por eso se la relacionó con los grupos liberales que en aquella época intentaban liberar a España del absolutismo monárquico. Apresada, fue conducida a las dependencias del gobierno; allí, un representante del poder, que según parece estaba enamorado de ella, le ofreció el perdón si delataba a sus compañeros. Mariana era una persona de firmes convicciones, leal y valiente, y no cedió al chantaje. El funcionario, al no conseguir su propósito, la hizo encarcelar. Fue sentenciada a muerte y el verdugo, antes de ejecutarla, quemó ante ella la bandera que había bordado. Su figura se convirtió pronto en la de una heroína de la causa liberal, e inspiró una canción popular. En esa canción se basó más tarde el poeta granadino Federico García Lorca para escribir su conocida obra teatral *Mariana Pineda*.

gente genial

1807 **Tratado de Fontainebleau** entre España y Francia, que permite el paso del ejército de Napoleón por España, camino de Portugal.

1808 Las tropas francesas entran en España, según lo acordado en el tratado de Fontainebleau.
Abdicación del rey Carlos IV y de su heredero **Fernando** en favor de Napoleón.
Sublevación popular en Madrid contra la ocupación francesa. Inicio de la **Guerra de la Independencia.**

1809 Organización de la resistencia popular contra la ocupación. Creación de las **Juntas Nacionales** para coordinar las acciones.

1810 Las Juntas convocan las **Cortes de Cádiz**, primeras cortes parlamentarias españolas.

1812 Primera constitución de la historia de España: la **Constitución de Cádiz**, liberal y democrática.

1813 Las Cortes decretan el fin de la Inquisición.
Termina la Guerra de la Independencia.

1814 Retorno de Fernando VII al trono de España: suprime la Constitución de Cádiz y reinstaura el absolutismo monárquico, de carácter extremadamente conservador. Comienza la persecución de los liberales.
Goya pinta *El dos de mayo* y *Los fusilamientos del tres de mayo,* en homenaje a los patriotas españoles que murieron en 1808.

1818 Fundación del Museo del Prado.

1820 **Rafael del Riego**, un militar liberal, se subleva contra el rey Fernando VII, quien se ve obligado a jurar la constitución de 1812.

1823 Fuerzas conservadoras europeas organizan un ejército internacional, los Cien Mil Hijos de San Luis, que entra en España y acaba con el período constitucional inaugurado con la sublevación de Riego.

1831 Ejecución de **Mariana Pineda**, acusada de conspirar con los grupos liberales.

1833 Muerte de Fernando VII. Inicio de la guerra civil, conocida como la Primera Guerra Carlista por el nombre de uno de los pretendientes a la corona, el príncipe Carlos, sobrino del rey.

1837 Nueva Constitución progresista.

1 Mariana Pineda

¿Quién fue? ¿Qué hizo? ¿Fue genial?

Actividades

A Comenta con tus compañeros las imágenes. ¿Qué crees que pasa?, ¿dónde y en qué época?

Lee luego el cuadro histórico, busca fechas y datos e intenta situar la escena.

B Escucha la conversación de tres amigos que van a ir al teatro. Toma notas de los datos que obtengas sobre Mariana Pineda. Compáralos con los que te aporta el texto de la página 26.

C Escucha de nuevo la grabación. Fíjate en la manera que tienen los hablantes de presentar la información. ¿Cómo se mencionan los mismos datos en el texto sobre Mariana Pineda? Escribe la frase que corresponde a cada fragmento.

CONVERSACIÓN →	TEXTO
1 La acusaron de haber bordado en la bandera...	1 Fue acusada de haber bordado una bandera...
2 Era liberal...	2 ______
3 Era viuda y tenía dos hijos...	3 ______
4 La metieron en la cárcel...	4 ______
5 Lorca se basó en la canción popular...	5 ______

¿En qué se diferencian una y otra forma de expresión?

D ¿Crees que Mariana Pineda podría formar parte de nuestro grupo de "Gente genial"? Coméntalo con tus compañeros.

- ¿Qué os parece? ¿Podría estar entre nuestra "Gente genial"?
- Desde luego, fue una mujer muy valiente.
- Bueno, depende... ¿Cuántas personas pondremos en ese grupo?

2 Una lista de hombres y mujeres geniales

¿Conoces a todas estas personas? Con la ayuda del cuadro, busca la época, el país y la profesión de diez de ellos.

Aristóteles	Eva Perón	Marx
Bill Gates	Fleming	Mozart
Beethoven	Freud	Nelson Mandela
Cervantes	García Márquez	Nina Simone
Charles Chaplin	Goya	Picasso
Che Guevara	Gutenberg	Shakespeare
Cleopatra	Jacques Cousteau	Teresa de Calcuta
Cristobal Colón	Los hermanos Lumière	Van Gogh
Darwin	Marie Curie	Virginia Wolf
Einstein	Martin Luther King	Walt Disney

Frida Kalho

John Lennon

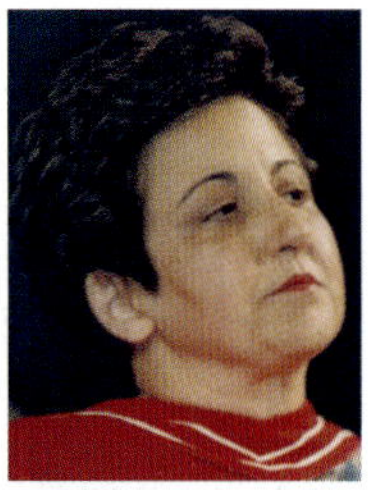
Shirin Ebadi

Gandhi

italiano/a	griego/a	español/a	inglés/a
alemán/a	francés/a	holandés/a	norteamericano/a
indio/a	argentino/a	sudafricano/a	chino/a
colombiano/a	albanés/a	austriaco/a	...

escritor/a	filósofo/a	científico/a	pintor/a
músico/a	actor/actriz	navegante	político/a
inventor/a	revolucionario/a	director/a de cine	...

s. XVII	s. IV a.C.	s. XVI	s. XVIII	s. XIV
s. XX	s. XIX	s. XV	s. XIII	...

Comenta tus conocimientos con tus compañeros; si tenéis más información sobre alguno de los personajes, podéis añadirla.

- *¿Quién era Goya?*
- *Un pintor español que pintó unos cuadros muy famosos que hay en Madrid, en el Museo del Prado.*

Ahora explicad a la clase los datos que conocéis.

- *No estamos seguros, pero creemos que...*

REFERIRSE A DATOS BIOGRÁFICOS

Identificar a la persona.

*Cervantes **fue** un escritor español.*
*Aristóteles **es** un filósofo griego que **vivió** en el siglo IV a. C.*

Aportar otros datos: origen, residencia, profesión, estado civil, fallecimiento.

*Benedetti **nació** en Uruguay.*
*Picasso **vivió** mucho tiempo en Barcelona.*
*Sancho Panza **fue** gobernador de una isla.*
***Estuvo** casado con una famosa periodista.*
*Cervantes **murió** en 1616.*

IMPERFECTO E INDEFINIDO

Los datos biográficos se ponen en Indefinido cuando se presentan como información autónoma.

***Fue** pintor. **Vivió** en Italia.*

Cualquiera de ellos se puede convertir en una información complementaria. Entonces se pone en Imperfecto.

***Vivió** en Italia, **era** pintor...*

Los datos que van en Imperfecto pueden ser información complementaria de otra que ya se posee aunque no se mencione.

***Era** un pintor que **vivía** en Italia.*

REFERIRSE A CUALIDADES

Con información autónoma se utiliza Indefinido.

***Fue** muy valiente y no **delató** a sus compañeros.*

Con información complementaria se usa Imperfecto.

***Era** muy valiente y no **delató** a sus compañeros.*

Con expresiones temporales que delimitan un período se pone siempre Indefinido.

***Fue** muy valiente durante toda su vida.*

VALORAR ACCIONES, LOGROS, CUALIDADES

Fue un gran actor.
él quien descubrió la electricidad.
uno de los escritores **más importantes.**
Gracias a ella mucha gente pobre se salvó.
Hizo progresar la medicina de su época.
Consiguió acabar con la colonización en su país.
Su obra **es fundamental para** la ciencia.

CAMBIOS EN LA VIDA

Se casó / se divorció / se quedó viudo.
Tuvo una hija.
Se le murió un hijo.
Cambió de trabajo / pareja /...
Se hizo rico /famoso /...
Se quedó ciego / sordo / manco /...
Se volvió muy introvertido / raro /...
Se convirtió en un mito.
Se puso muy enfermo.
Dejó de escribir a causa de una enfermedad.
Siguió escribiendo hasta su muerte.

EXPRESIONES TEMPORALES

Durante muchos años / unos meses...
(Durante) toda su vida...
...trabajó en una empresa británica.
...viajó con mucha frecuencia a Bolivia.

En su juventud fue aviador.

De niño / joven / mayor... estuvo enfermo.

Al cabo de cinco años se fue a vivir a Brasil.
Unos años más tarde tuvo su primer hijo.
Poco después cambió de trabajo.
Después de casarse se cambió de casa.

Consultorio gramatical, páginas 122 a 127.

3 ¿Por qué ellos?

De la lista de nombres del ejercicio 2, ¿de quién crees que podemos afirmar estas cosas?

1. Fue fundamental, el mejor músico de todos los tiempos.
2. Hasta que él descubrió la penicilina, la gente se moría de tuberculosis.
3. Fue él quien elaboró la teoría de la evolución de las especies.
4. Gracias a él entendemos mejor los motivos de nuestro comportamiento.
5. Fue un innovador, la música no ha sido lo mismo después de él.
6. Sus ideas revolucionarias han servido de inspiración para muchos grupos oprimidos.
7. Con sus descubrimientos sobre el uso del radio, la ciencia, en general, dio un gran paso adelante.
8. Gracias a su invento todo el mundo pudo tener acceso a la literatura y a la cultura en general.

¿Sabrías afirmar algo parecido de alguna de las otras personas? Escríbelo en un papel y dáselo a tus compañeros para que le pongan el nombre de la persona correspondiente.

4 Geniales, ¿por qué?

Escucha a varias personas que hablan de las personas a las que más admiran. ¿Qué recursos usan para valorarlas? Luego, escribe algo sobre tu famoso más admirado utilizando formas parecidas para valorarlo.

1.	2.	3.
	Para muchos ha sido un gran maestro.	

5 ¿Cómo fue la vida de Facundo?

Con un compañero inventad una posible biografía de Facundo, uniendo con una línea las diferentes etapas de su vida. Luego, contádsela a otros compañeros. Comparad la vida de vuestros personajes: ¿cuántas diferencias tenéis?

- Nació en un pueblo pequeño y ya de niño se puso a estudiar música... Al cabo de unos años...

6 Tres premios Nobel de la Paz

Lee estas tres biografías. ¿Cuál de las tres representa mejor tu idea de un Premio Nobel de la Paz?

MAATHAI (Wangari)

Nació en 1940 en Nyeri, Kenia. Cursó sus estudios superiores en EEUU donde se licenció en biología. Al regresar a Kenia realizó trabajos de investigación en medicina veterinaria en la universidad de Nairobi, allí se doctoró y fue la primera mujer en ocupar un cargo de jefe de departamento en una facultad en Kenia. Siempre preocupada por el deterioro del medio ambiente, en 1970 inició su colaboración con organizaciones dedicadas a la lucha contra la deforestación. En 1977 fundó el grupo *Green Belt* (Cinturón Verde) que ha promovido campañas de replantación de árboles en zonas amenazadas por la erosión y la desertización, combinadas con programas de empleo rural para mujeres. Fue arrestada en numerosas ocasiones por participar en actos de protesta, como el de plantar árboles en el bosque público de Karura en Nairobi, amenazado por una operación urbanística. Tras el cambio de gobierno en las elecciones de 2003, el nuevo presidente Kibabi nombró a Wangari Maathai ministra de medio ambiente de su gabinete. En 2004 le fue concedido el Nobel de la Paz; según palabras del propio comité que concede los premios, Wangari "es una fuente de inspiración para cualquiera que luche en África por el desarrollo sostenible, la democracia y la paz".

GORVACHOV (Mijail)

Expresidente de la antigua Unión Soviética. Nació en Privolnoie en 1931. A los 20 años se trasladó a Moscú, donde estudió derecho en la universidad estatal. En 1952 ingresó en el partido comunista (PCUS) y, a partir de entonces, ocupó puestos menores del partido en su provincia. En 1980 ingresó en el Politburó y en 1985 fue nombrado secretario general del partido. Desde ese puesto emprendió reformas, como la *perestroika*, para la democratización del país, que dieron lugar a un sistema de gobierno más abierto y a la promulgación de nuevos derechos civiles. Durante los últimos años de su mandato, las relaciones entre Gorvachov y los presidentes de los EEUU, Ronald Reagan y George Bush (padre), alcanzaron un grado de cordialidad sin precedentes. Gracias a ello, en 1987 se firmó el primer acuerdo de reducción del armamento estratégico nuclear. En 1989 Gorvachov ordenó la retirada de las tropas soviéticas de Afganistán y en 1990 le fue concedido el Premio Nobel de la Paz. En ese mismo año la URSS apoyó en la ONU la intervención aliada en Irak, la denominada Guerra del Golfo. En 1991 el sector más conservador del partido provocó un golpe de estado y en diciembre de ese año Gorvachov se vio forzado a dimitir.

SCHWEITZER (Albert)

Médico, teólogo y músico (Alsacia, 1875 - Gabón, 1965). Hijo de un pastor de la iglesia presbiteriana, estudió filosofía y teología. También adquirió una sólida formación musical, en la que destacó como intérprete de Bach y llegó a ser uno de los mejores de su época; se dedicó también a la construcción de órganos y gracias a él se conservan muchos de estos antiguos instrumentos. A los 29 años leyó un anuncio de una compañía de misioneros; convencido de que cualquiera que haya recibido bienes en la vida tiene la obligación de compartirlos con los demás y consciente de la deuda que los europeos tenían con África, decidió estudiar medicina y trasladarse a ese continente. En 1913 se fue a Gabón, donde inició su enorme labor humanitaria: fundó y dirigió un hospital, para cuyos gastos recaudaba fondos dando conferencias y conciertos por toda Europa, algunos con el violonchelista catalán Pau Casals. Durante la I Guerra Mundial él y su esposa fueron internados en un campo de prisioneros. En 1924 regresaron a África, donde se quedaron hasta su muerte. En 1952 se le concedió el Premio Nobel de la Paz.

Busca a dos compañeros que hayan tomado la misma decisión y escribid una ficha con las razones que la han motivado.

7 Otras opiniones

Escucha estas tres audiciones y completa el esquema con las razones que oiréis en apoyo de cada candidatura.

1. W. Maathai: ______________________

2. M. Gorvachov: ______________________

3. A. Schweitzer: ______________________

OS SERÁ ÚTIL...

Yo voto por Picasso...
me quedo con Lorca...
elegiría a Borges...
... porque...

Yo diría que Cervantes es el más importante.

Restar importancia a una valoración.

Hombre, **no hay para tanto.**
No es **tan** original **como** se ha dicho.
Hay otros mucho más importantes **que** él/ella.
No hizo **tantas** cosas **como** se ha dicho.

8 Nuestra "Gente genial"

Vamos a elegir a tres personas de la historia de la Humanidad que serán la "Gente genial" de nuestra clase.
En primer lugar, formaremos grupos por intereses. ¿De qué ámbito son las personas que te interesan? Marca tus preferencias del 5 (+) al 1 (-) en estos ámbitos. Añade alguno si te parece oportuno.

aventuras y viajes	☐	exploraciones y descubrimientos	☐
pintura	☐	música	☐
cine	☐	teatro	☐
poesía	☐	deporte	☐
pensamiento y filosofía	☐	lucha social	☐
política	☐	religión	☐
ciencia e investigación	☐		

- **Busca a dos compañeros que tengan intereses próximos a los tuyos. Elegid tres ámbitos en los que vais a trabajar y una persona para cada uno de ellos.**

• ¿A quién ponemos en nuestra lista de "Gente genial"? ¿Pondríais a Freud?

Escribid una breve biografía en la que queden claros los méritos de las personas para ser elegidas como geniales. Podéis buscar información en internet, en la biblioteca, etc. Después, exponed ante el resto de la clase las razones de vuestra elección.

• Hemos elegido a Lorca, un escritor español. Nació en Granada y es uno de los mejores autores modernos de la literatura española. Le hemos elegido porque...

Llevad a cabo la votación. ¿Quiénes son las tres personas geniales de vuestra clase?

Finalmente, cada grupo elige cualquiera de los textos sobre las personas famosas e intenta mejorarlo con los recursos expuestos en la lección anterior.

HÉROES ANÓNIMOS

Era una de esas tardes oscuras de enero en Washington. Hacía un frío cortante y la niebla cubría el río Potomac. De repente se oyó el intenso rugido de un avión volando muy bajo y con dificultad. Segundos más tarde, el reactor Air Florida con 185 pasajeros a bordo se estrelló contra un puente y se hundió en el río helado en medio de una cascada ensordecedora de agua, fragmentos de metal y cuerpos humanos.

Un helicóptero de salvamento llegó momentos después. La tripulación vio a los cinco únicos supervivientes agarrados desesperadamente a la cola del avión que todavía flotaba, y les lanzó desde el aire un cable salvavidas. Arland Williams, un empleado de banco de 45 años, se hizo con el cabo. Pero antes de que los rescatadores pudieran alzarle, se lo traspasó a su mujer y el helicóptero se la llevó. Cuando el aparato regresó, Arland volvió a cederle la maroma a otro pasajero. Por tercera y cuarta vez, este hombre de apariencia corriente, algo calvo, de pequeña barba y bigote canoso, alcanzó el cable salvador para entregárselo seguidamente a otro superviviente. Cuando el helicóptero retornó finalmente a por él, Arland Williams había desaparecido bajo las aguas.

¡Qué admirable! ¡Qué incomprensible!

(...) La perplejidad que nos producen estos impulsos generosos brota de la noción dura y negativa de la naturaleza humana que domina nuestra cultura. (...) Hoy esta opinión tiene muchos seguidores y se considera inteligente y realista. La idea positiva de la humanidad, por el contrario, es tenida por ingenua y simplista.

(...) Sin embargo, durante unos veinte años he trabajado en el campo de la salud pública. (...) La lección más importante que he aprendido en este tiempo es que nuestra tarea diaria consiste en convivir unos con otros. Entre todos, casi sin darnos cuenta, continuaremos aliviando el sufrimiento de los más desvalidos y rescatando a los más indefensos porque en el fondo la humanidad es esencialmente bondadosa. Millones de hombres y mujeres corrientes, como Arland Williams, lo demuestran a diario impartiendo su piedad, su abnegación y su altruismo.

Luis Rojas Marcos, "Altruistas corrientes", *El País* (1996)

SOCIEDAD

EL PAÍS, martes 1 de enero

El voluntariado, un sector emergente

Clara Tarrero, **Barcelona**

En España, la cifra de voluntarios ronda los tres millones, de los cuales un millón dedica más de cuatro horas a la semana a fines sociales.

Un millón de personas dedica más de cuatro horas a la semana a fines sociales

Un estudio llevado a cabo por el sociólogo José Ignacio Ruiz de Olabuénaga en 22 países rompe el mito de que los españoles son reacios a asociarse. España se sitúa al mismo nivel, en volumen y estructuración del voluntariado, de países como Alemania, Francia y Austria.

Las actividades que realizan los voluntarios tienen muchas dimensiones. Entre ellas, destacan las actividades socioculturales y de participación comunitaria, como la defensa de la naturaleza, la lucha por el cumplimiento de los derechos humanos, la ayuda a inmigrantes y a refugiados, etc., que representan un 39,4% del voluntariado. Las personas que se dedican de forma altruista a impartir algún tipo de enseñanza como alfabetización de adultos, talleres de formación en las cárceles, etc. son el 29%, mientras que la atención y la compañía a personas necesitadas, ancianos o minusválidos representa un 26,5%.

Este estudio constata la mayor participación de hombres (63%) que de mujeres (37%), y de jóvenes que de ancianos. Además, señala la mayor implantación de voluntarios en las ciudades pequeñas y la elevada proporción de estudiantes entre los voluntarios.

9 **¿Todos somos "Gente genial"? Lee el texto de Rojas Marcos y comenta con tus compañeros:**

¿Qué hizo Arland Williams? ¿Cuáles son las dos ideas acerca de la humanidad de las que habla Rojas Marcos? ¿Cuál es la opinión que él defiende? ¿En qué se basa para mantenerla?

10 **Lee el artículo sobre el voluntariado. ¿Cómo es la situación en tu país? ¿Has participado alguna vez en labores de voluntariado? ¿De qué tipo?**

Vamos a preparar una expedición de aventura.

Para ello aprenderemos:
- ✔ a describir los espacios naturales y el clima,
- ✔ a relacionar proyectos con las circunstancias en las que ocurrirán,
- ✔ a expresar finalidad **para / para que**,
- ✔ a expresar certeza, probabilidad **quizás / posiblemente**,
- ✔ a expresar condiciones **si.../ siempre y cuando / a no ser que**,
- ✔ Imperfecto de Subjuntivo: formas y usos.

PATAGONIA ANDINA Y TIERRA DEL FUEGO

Es difícil describir la hermosura que la cordillera de los Andes ofrece en las provincias patagónicas. Los bosques milenarios se extienden a orillas de grandes lagos. En las cumbres de las montañas, la naturaleza se desborda y los glaciares conducen sus aguas a lagos de belleza inigualable. Y al sur, la Tierra del Fuego y la ciudad más austral del mundo, Ushuaia, una puerta abierta hacia la inmensa y misteriosa Antártida.

LA PATAGONIA ATLÁNTICA

Impresionantes mamíferos y aves marinas viven algunas temporadas en las costas patagónicas donde cumplen parte de su ciclo vital. Colonias de pingüinos juegan entre los islotes. Los elefantes marinos tienen en Península Valdés un refugio único. Es éste también un lugar mágico al que acuden puntualmente las ballenas a cumplir su ritual de apareamiento.

LA ESTRELLA POLAR

VIAJES A MEDIDA
NUESTRA ÚNICA LIMITACIÓN ES TU IMAGINACIÓN

Viajes de aventura a cualquier lugar del mundo

Destinos con itinerarios abiertos, flexibles y totalmente adaptables. Incluso en lugares donde el transporte es precario y los hoteles inexistentes tenemos una persona de confianza para organizar cualquier expedición. En todas partes y en cualquier época del año.

Nos encargamos de:

- Organizar itinerarios.
- Ofrecer servivios.
- Facilitar transportes.
- Reservar alojamiento.
- Tramitar seguros de viaje.
- Organizar actividades: *trekkings*, viajes en canoa, escalada, submarinismo, observación de aves, etc.

Precios según el número de participantes

- Mínimo 4 personas.
- Grupos de más de 6 personas: 5% de descuento.
- Más de 12 personas: 10% de descuento.

gente y aventura

1 Expedición a Tierra del Fuego

Patagonia y Tierra del Fuego

Rutas recomendadas

ENTRE BOSQUES, LAGOS Y GLACIARES: RUTA DE LOS SIETE LAGOS

En San Martín de los Andes se inicia este itinerario que transcurre entre lagos y bosques. Llega al Parque Nacional de Los Arrayanes, un bosque centenario con árboles de más de 20 m. Diversas especies protegidas de flora y fauna. Refugios para pasar la noche.

CIRCUITOS DESDE BARILOCHE

Desde la capital de la Patagonia andina se inician escaladas a los cerros López y Tronador, famosos por sus glaciares. Excursiones a la península Llao Llao para navegar en canoa por el lago Nahuel Huapi.
Ushuaia, situada a orillas del canal de Beagle, es la ciudad más al sur del planeta. Desde allí se organizan expediciones por glaciares y *trekkings* por montañas de hielo. Vistas espectaculares de icebergs.

EL CAÑADÓN DEL RÍO PINTURAS

A 163 Km al sur de la localidad de Perito Moreno se encuentra una de las manifestaciones de arte rupestre más significativas de la Patagonia. Escenas de caza de más de 9000 años de antigüedad en las cuevas y rocas del cañadón. Lugar ideal para espeleólogos.

RESERVA DE PUNTA TOMBO

A 120 Km al sur de Treelew se encuentra una de las colonias de aves marinas más diversas del mundo, con miles de animales, y la mayor concentración de pingüinos de todo el planeta.

BAHÍA Y PENÍNSULA DE SAN JULIÁN

Navegación entre islotes en pequeña embarcación. Puntos de observación de aves y animales marinos. Estancia en tiendas de campaña, excursiones nocturnas para observar la llegada a la costa de los pingüinos.

EXPEDICIONES A LA ANTÁRTIDA

La Antártida, enorme masa de hielo deshabitada, a excepción de las estaciones científicas donde no hay flora ni fauna. Vuelo en helicóptero. Desplazamiento en trineo. Visita a la estación científica.

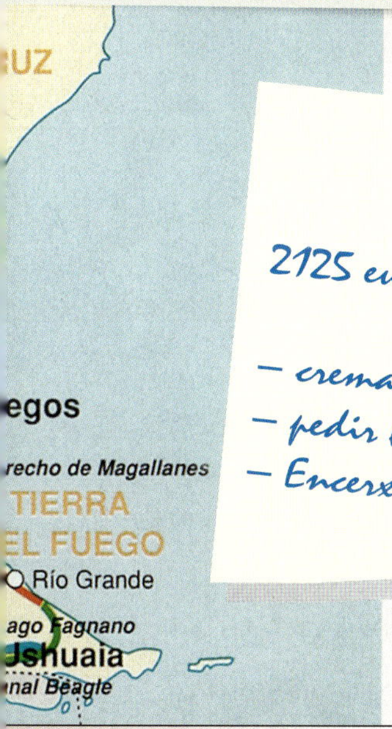

Descuento

2125 euros

5% = 106'25

10% = 212'5

– crema de protección solar factor 35
– pedir botas de montaña a Amalia
– Encerxín comprimidos

Actividades

A Lee la información sobre los diferentes destinos. Completa las dos columnas con el vocabulario que aparece en el texto.

ACCIDENTES GEOGRÁFICOS	TIPOS DE ACTIVIDADES
el lago	la escalada
________	________
________	________
...	...

B Lola se va de vacaciones a la Patagonia con unos amigos e intenta convencer a Javier para que les acompañe en el viaje. Escucha la conversación y anota la información que obtengas.

- ¿Qué ruta quieren seguir?
- ¿Cuándo esperan llegar a la Antártida?
- ¿Qué harán cuando lleguen a Bariloche?
- ¿Hasta cuándo estarán en la península de San Juan?
- ¿Dónde piensan alojarse si van al Cañadón de Río Pinturas?

¿Crees que Javier se apuntará a la expedición? ¿Por qué?

C ¿Qué dificultades crees que pueden encontrar en la Patagonia y en Tierra del Fuego?

- Yo creo que lo más duro debe de ser el frío, ¿no?
- Sí, pero el reflejo del sol también es muy peligroso...

D ¿Cuántas personas de la clase os apuntaríais a este viaje? ¿Qué precio tendría? ¿Sois suficientes personas para obtener un descuento?

- Yo no iría a un sitio donde hace tanto frío.
- Ya, pero allí los paisajes son impresionantes...

2 El equipo de Juan Pérez

Juan Pérez va a ir de travesía por los Picos de Europa y lleva en su mochila muchas cosas. Relaciona las dos columnas para completar la información.

Lleva...

una manta de supervivencia **para...**
unas antorchas de señalización **para que...**
un arma de fuego **por si...**
una crema protectora **para que...**
unas buenas botas **para...**
una brújula **para...**
una linterna **para...**
un botiquín **por si...**

puedan localizarlo incluso de noche.
alumbrarse por la noche.
se cruza con algún animal peligroso.
orientarse.
tiene un accidente.
el sol no le queme la piel.
protegerse del frío.
andar por todo tipo de terrenos.

¿Podrías formular una regla sobre el uso de para, para que y por si?

¿Y tú? ¿Qué tres cosas llevas siempre cuando vas de excursión? Escribe tres frases usando para, para que y por si.

Yo, normalmente, me llevo una navaja, por si hay que cortar una cuerda.

3 Si no hay más remedio...

Escucha estas frases. ¿Hay alguna que te resulte extraña? ¿Por qué? Imagina alguna situación en la que esas frases tengan sentido.

4 ¿Qué pasará?

¿Podrías adivinar los proyectos de alguno de tus compañeros de clase? Completa la tabla.

	NOMBRE	¿QUÉ LE PASARÁ?
Muy seguro	Peter	volverá a su país.
Probable		
Muy poco probable		

● Peter, con toda seguridad, volverá a su país.
○ ¿Yo? No, eso seguro que no.

¿Qué opinan los otros compañeros?

5 Siempre viajo con paraguas, por si acaso

Ana y Antonio hablan sobre su equipaje. Uno de los dos es muy precavido,¿quién? ¿Qué expresiones usan para plantear posibles imprevistos?

Sobre el clima...

Sobre la salud...

EXPRESAR FINALIDAD

Objetivos claros.

Llevaremos...
un mapa **para** orientarnos.
ropa clara **para que** nos **puedan** ver.

Circunstancias eventuales.

Llevaremos el paraguas...
por si acaso.
por si llueve.
no vaya a ser que llueva.

EXPRESAR RESIGNACIÓN

Si no hay más remedio,
Me temo que
No veo otra salida,
¡Qué le vamos a hacer!,
nos quedaremos aquí.

Habrá que
No habrá más remedio que
Tendremos que
cambiar la ruta.

EXPRESAR CERTEZA Y PROBABILIDAD

Con toda seguridad
Seguramente
estaré...

Probablemente
Posiblemente
Quizás
estaré...
esté...
allí dos días.

Puede que
No creo que
esté...

IMPERFECTO DE SUBJUNTIVO

Indefinido 3ª pl + terminaciones.

	-ra	-se
hicieron	-ras	-ses
	-ra	-se
estuvieron	-ramos	-semos
	-rais	-seis
tuvieron	-ran	-sen

ESTAR	VIVIR	SER/IR
estuviera	viviera	fuera
estuvieras	vivieras	fueras
estuviera	viviera	fuera
estuviéramos	viviéramos	fuéramos
estuvierais	vivierais	fuerais
estuvieran	vivieran	fueran
estuviese	viviese	fuese
...	...	...

PREVER INCIDENTES Y REACCIONAR

- ¿Qué **haréis si hay** tormenta?
- **Cambiaremos** la ruta.

- ¿Cómo **reaccionarías si te picara** un escorpión?
- Pues, **haría** un corte sobre la herida y...

RELACIONES TEMPORALES EN EL FUTURO

Acciones sucesivas.

Cuando termine de trabajar, / **Cuando haya comprado** el billete, **te llamaré.**

Sucesión inmediata

En cuanto / Tan pronto como llegue, te llamaré.

Cuando llegues, verás el puente nuevo.

Límite en el tiempo.

Estaremos allí **hasta que vengan** a recogernos.

HABLAR DE PLANES E INTENCIONES

- ¿Dónde / Cómo / Cuándo /... **pensáis ir**?
- **Intentaremos llegar** a la Antártida.
  Si podemos, iremos en balsa.
  Según el tiempo **que haga,** iremos al lago.

EXPRESAR CONDICIONES

Cogeremos el avión...

si todavía	**hay** billetes.
siempre y cuando / **en el caso de que**	**haya** billetes.
a no ser que	**haya** huelga.

Consultorio gramatical, páginas 128 a 133.

6 Una expedición fallida

Lee la entrevista a César Carrasco. ¿Por qué crees que falló la expedición?

- Creo que lo que falló fue...

LA CARA NORTE DEL EVEREST

Una expedición fallida

La expedición asturiana compuesta por siete experimentados escaladores salió de Madrid rumbo a Katmandú con la intención de alcanzar la cumbre del Everest por su cara norte. El gran reto consistía en llegar a la cima sin botellas de oxígeno. En tres ocasiones intentaron alcanzar la cumbre, pero no lo consiguieron. César Carrasco, jefe de la expedición, relata cómo fueron esos dos meses de condiciones adversas.

¿Ha sido una experiencia muy dura?
Sí, desde el principio fue muy difícil seguir el plan previsto. Ya en China tuvimos que retrasar la entrada por problemas de papeleo en la frontera. Permanecimos allí seis días hasta que llegaron los permisos para iniciar el viaje. Otra de las dificultades iniciales a las que nos tuvimos que enfrentar fue el mal de altura. Javier Cernedo y Olga Belver se levantaban con fuertes dolores de cabeza, mareos y vómitos. Así que nos vimos obligados a alargar el período de aclimatación casi una semana más, hasta que todo el mundo estuvo preparado.

¿Qué fue lo peor del viaje?
Sin duda, el clima. Cayeron varias tormentas de nieve. Una mañana, cuando nos despertamos, las tiendas estaban completamente cubiertas por la nieve. Tuvimos que rasgarlas con un cuchillo para poder salir. Podríamos haber muerto asfixiados, pero por suerte nos salvamos.

¿Por qué no pudisteis llegar a la cumbre?
La primera vez que intentamos la ascensión parecía un día claro, pero cuando estábamos iniciando la marcha, se nos vino encima una avalancha de nieve. Fue horrible, afortunadamente estábamos bien sujetos y conseguimos protegernos bajo unas rocas. En el segundo intento, el viento era muy fuerte y la temperatura alcanzó los 30 grados bajo cero. Javier empezó a tener síntomas de congelación en la nariz y no nos quedó más remedio que volver. En el tercero, realmente tuvimos muy mala suerte. Cuando ascendíamos, en un movimiento brusco, se me cayeron las gafas, pero seguí escalando durante dos horas por la zona más difícil. Y cuando estábamos solo a 200 metros de la cima, perdí totalmente la visibilidad. La luz allá arriba era tan fuerte que me quemó la córnea. Entonces, mis compañeros decidieron bajarme, me vendaron los

ojos con un pañuelo y me cargaron a hombros hasta que llegó el equipo de salvamento. Dos días más tarde empecé a ver sombras. Permanecimos varios días en el campamento esperando mi recuperación, pero el equipo estaba agotado y el permiso de estancia en el país estaba a punto de finalizar. Fue una decisión difícil, pero no tuvimos más remedio que abandonar.

¿Volveréis a intentarlo?
Sí, seguro. Para mí, la montaña es la vida. No sé cuándo, porque depende de muchas cosas, pero volveremos a intentarlo. Lo primero que haremos, con toda seguridad, es buscar los medios para afrontar de nuevo un viaje de este tipo. En cuanto consigamos un patrocinador, podremos empezar a montar el equipo. En fin, cuando estemos preparados y contemos con los medios necesarios, nos lanzaremos de nuevo al Everest. Probablemente tendremos que esperar un tiempo hasta que las condiciones climáticas sean las más adecuadas, y eso casi siempre es en primavera. Pero ahora ya sabemos con qué dificultades nos podemos encontrar.

¿Así que en la próxima primavera?
No creo, es muy justo. Quizás volvamos dentro de un par de años.

Subraya en el texto las frases que acompañan las partículas temporales cuando, hasta, en cuanto, y clasifícalas. ¿Qué tiempos verbales las acompañan? ¿En qué se diferencian?

Con respecto al futuro, ¿que proyectos tiene César? ¿Con qué seguridad los expresa?

7 Una expedición

En grupos, vais a preparar una expedición. ¿A qué lugar preferirías viajar? ¿A la jungla o al desierto? ¿Por qué? Explícaselo a tus compañeros. Luego, lee el texto correspondiente a tu elección y haz una lista de las cosas que has de tener en cuenta antes de iniciar el viaje.

LA JUNGLA EN GUATEMALA

Lo más molesto en la jungla es la humedad. Las lluvias caen durante todas las estaciones del año. La vegetación es tan espesa que a veces no llegan al suelo los rayos del sol y los árboles alcanzan una altura de 60m. A veces, la única forma de avanzar es a golpe de machete. Es fácil perderse y con una cobertura vegetal tan espesa es muy difícil emitir señales de humo o luminosas. En caso de sentirse perdido, es aconsejable construir una balsa y seguir el curso de un río, ya que normalmente los ríos atraviesan zonas habitadas.

Sin embargo, como la vegetación es tan abundante, es difícil morir de hambre. Muchas plantas son comestibles, aunque algunas sean altamente venenosas. Hay que examinar bien la planta, recoger un poco de su líquido y aplicárselo en una zona de piel sensible. Si se produce irritación o hinchazón, es mejor no comerla.

Los animales más molestos y peligrosos son los mosquitos. Sobre todo, cuando cae la noche, conviene cubrirse el cuerpo con ropa e incluso meter la parte inferior de los pantalones dentro de los calcetines y las botas. Cubrirse la cara con barro resulta también muy eficaz. Otros animales, como arañas, serpientes o cocodrilos, no suelen atacar al hombre si no se sienten amenazados, y son una excelente fuente de alimentos. Aunque..., ¡cuidado con la comida!, con un calor tan húmedo la carne se pudre fácilmente. La solución es ahumarla: se considera que, tras una noche de secado, la carne puede conservarse de cinco a siete días.

Lo esencial es disponer de zapatos y vestidos que no se estropeen con la humedad. El algodón y el cuero, pues, no son lo ideal, porque tardan mucho en secar y se pudren. Los tejidos sintéticos modernos están perfectamente adaptados a su utilización en la selva.

Para dormir hay que evitar a toda costa el contacto directo con un terreno siempre mojado y habitado por insectos.

EL DESIERTO

Viajar por el desierto no es nada fácil, por la falta de agua, de vegetación, y por las temperaturas extremas.

Los mayores peligros en el desierto están relacionados con el sol: la insolación y la deshidratación. El error más grave que puede cometerse es el de quitarse la ropa; en primer lugar, por el riesgo de quemaduras, pero, sobre todo, porque hay que impedir que el cuerpo pierda sus propias reservas de agua. Cubrir el cuerpo es fundamental, ya que el sudor que humedece los vestidos refresca y, a la vez, limita la transpiración.

El elemento más importante de la ropa es, sin duda, el turbante. Es una prenda de algodón, de unos ocho metros. Se usa para cubrir totalmente la cabeza, también protege de las quemaduras solares, del viento, de las tormentas de arena y del calor en la nuca, terriblemente peligroso. Además, al estar sobre la nariz y la boca, retiene la humedad de la respiración.

Es muy importante no exponerse al sol durante las horas de más calor. Como encontrar un lugar sombreado en el desierto puede resultar imposible, la mejor solución es enterrarse en la arena. En profundidad está más fresca y tiene un efecto relajante. Si hay plantas cerca, es mejor cavar a su lado, para aprovechar la humedad de las raíces. De este modo se limita la transpiración.

Uno de los mayores peligros es sufrir quemaduras en los ojos. La luz, durante todo el día, es muy intensa y no llevar protección puede afectar de forma grave a la vista.

La mordedura de víbora en el desierto puede ser mortal. La víbora solo muerde para defenderse cuando ha sido descubierta, se esconde buscando lugares sombreados, como las rocas. Si se produce una picadura, tanto de víbora como de escorpión, lo más conveniente es aspirar el veneno con una jeringuilla especial.

El mejor medio de transporte es el animal, el camello o el dromedario, que resisten largas temporadas sin beber y que pueden orientarte y conducirte hacia los pozos de agua. Además, sus excrementos pueden servirnos de combustible.

Las noches son tremendamente frías: la temperatura puede llegar a cinco grados bajo cero. Conviene montar las tiendas y encender un fuego. Es difícil encontrar combustible en el desierto pero, si se dispone de gasolina, se puede llenar una lata de conserva con arena empapada en gasolina, encenderla y obtener, así, una estufa muy eficaz.

Busca a compañeros que quieran ir al mismo lugar que tú y, entre todos, decidid: a qué país vais a viajar, en qué época del año, qué medios de transporte utilizaréis, etc.

OS SERÁ ÚTIL...

Es imprescindible...
llevar una cuerda.
cuerdas.
aceite.

Para este tipo de viaje,
las cuerdas son...
imprescindibles.

Lo más
necesario / útil / importante...
es el machete.

▲ Secador de leña lo bastante bajo como para que se seque, y lo bastante alto para que no se queme.

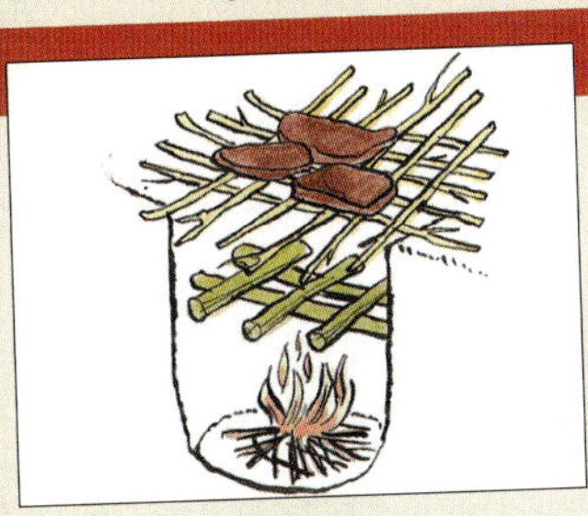

▲ Para ahumar la carne hay que cavar un hoyo de 1 m de profundidad y 50 cm de diámetro.

▲ El turbante debe envolver toda la cabeza y cubrir principalmente la nuca.

8 Preparando la mochila

PORTFOLIO

En primer lugar, individualmente, elige tres cosas que quieras llevar. Intenta calcular bien los riesgos y ser muy precavido. Piensa por qué y para qué has elegido esos objetos.

una mosquitera — una manta de supervivencia — un paraguas
un sombrero de paja — un hacha — un turbante — una bolsa de plástico
un espejo — una brújula — una cuerda — una hamaca — un bolígrafo
un machete — una navaja multiuso — una jeringuilla aspiraveneno
un desinfectante — una lata — un recipiente para el agua
un repelente antimosquitos — una radio — unos prismáticos

Luego, compara tu lista con la de los compañeros de tu equipo. Poneos de acuerdo: entre todos, podéis elegir solamente tres cosas.

● Yo creo que lo más importante es llevar un buen machete.
○ Pues yo creo que un hacha es algo mucho más útil.

9 Mas vale prevenir...

PORTFOLIO

Presentad la expedición a los otros grupos.

¿En qué época del año viajaréis?
¿Cómo os trasladaréis de un sitio a otro?
¿Qué ropa llevaréis?
¿Qué cualidades tenéis para desenvolveros en la naturaleza?
¿Qué actividades llevaréis a cabo?
¿Qué comeréis?
¿Cómo cocinaréis?
¿Cómo dormiréis?
Otras cosas importantes: ...

● Iremos a la jungla en julio porque es la estación seca...
○ Nos llevaremos...

Cada grupo puede hacer cinco preguntas a los otros equipos sobre posibles incidentes. Escribid las preguntas que haréis.

¿Y qué haréis si hay una tormenta de arena?
¿Y qué haríais si a alguien le picara un escorpión?

Haced las preguntas a los otros grupos, éstos tienen que saber resolver la situación usando los objetos que han elegido.

● ¿Y qué haríais si os perdiérais por la selva?
○ Con el machete cortaríamos troncos y construiríamos una balsa.
● Ya, pero ¿con qué sujetaríais los troncos?
○ Pues cortaríamos unas ramas y las ataríamos...

¿Cuál de los grupos es el más precavido? La clase, que representa a la casa patrocinadora del viaje, decidirá a quién apoyar.

AMÉRICA EN BICI

Guiados por un tremendo espíritu de aventura, Miguel Angel Díaz y Natalia Cárcamo recorrieron América en bicicleta. Fueron trece meses de incansable pedaleo desde San Francisco hasta Tierra del Fuego. América a ras de suelo, casi de punta a punta. Más de 24 000 kilómetros. Fue un viaje inolvidable, repleto de experiencias nuevas. "En bici se viaja más cerca del camino, más cerca del otro, de la naturaleza y de todo lo que nos rodea. Uno decide a qué hora partir, cuánto avanzar cada día y a qué velocidad; va dibujando el itinerario en el mapa con el esfuerzo diario y con la ilusión del que viaja ligero de equipaje, sólo con lo imprescindible. Por eso elegimos este medio de transporte para recorrer América."

Estados Unidos
Bajo los imponentes rascacielos de San Francisco dimos nuestras primeras pedaladas.

México
En los enormes desiertos de Baja California algunas rectas alcanzan los 100 kilómetros, en medio de arenales en los que solo crecen cardones de cuatro o cinco metros y otros extraños cactus. Allí los atardeceres son anaranjados y solo nuestras alargadas sombras avanzaban sobre el camino en las últimas horas de luz.

Guatemala
Los mercados son un auténtico festín para la vista. Las apetitosas frutas tropicales combinan con los vivos colores y diseños geométricos de las ropas de la gente.
Del lago Atitlán se dice que es el más bonito del mundo; sus aguas, a veces son azules, a veces verdes, a veces de plata... Quizá las ropas que usan las mujeres guatemaltecas son el reflejo de todos estos tonos.

Costa Rica
El paisaje nos hipnotizó durante todo el recorrido por este pequeño país: volcanes en activo, playas realmente paradisíacas y selvas impenetrables donde se siente la vida en ebullición.

Panamá
Allí coincidimos con los carnavales. Ritmo, carrozas y baile día y noche. Atravesar el puente de Las Américas sobre el canal de Panamá fue uno de los momentos más emocionantes de la travesía, se había convertido en un lugar mítico para nosotros.

Ecuador
Quito está a unos pocos kilómetros de la línea del Ecuador, rodeada de montañas de más de 5000 metros. En Alausí nos deleitamos con el colorido de un mercado que brillaba con fuerza bajo el sol de los Andes.

Perú
Pedalear por el Callejón de Huaylas, escoltados por los imponentes picos de la cordillera Blanca, fue sentir a cada segundo la belleza de lo que la naturaleza ha tardado millones de años en construir. Allí todo encaja perfectamente.
En Cuzco les dimos unas pequeñas vacaciones a las bicis para descubrir, poco a poco, las maravillas de la arquitectura inca, y culminar con la caminata hasta la mítica ciudad de Machu Picchu, otro momento cumbre de nuestra ruta.

Bolivia
A través del Altiplano llegamos a Uyuni, el salar más grande del mundo. Pedalear por su superficie blanca y lisa, perdiéndonos en su infinitud, fue una fantástica experiencia. Sólo el silencio habitaba entre el cielo azul y lejano y la sal blanca y pura crujiendo bajo las ruedas de nuestras bicis.

10 Lee los textos sobre los diferentes países que atravesaron los dos ciclistas. ¿Qué rasgo de cada país crees que les impresionó más?.

11 ¿Has visitado alguno de estos países? ¿Cómo fue el viaje? ¿Qué es lo que más te gustó? ¿Qué recomendaciones puedes hacer a una persona que quiere viajar allí? Si no los conoces todavía, ¿cuál de ellos te gustaría visitar? ¿Por qué?

12 De los viajes que has hecho, ¿cuál ha sido el que más te ha impresionado? Cuéntaselo a tus compañeros.

Brasil
Iguazú en lengua gauraní significa agua grande. No pudieron bautizar mejor este lugar. Junto a las cataratas, dos personas con dos minúsculas bicicletas son como dos gotas de agua en medio de un diluvio. El ruido es ensordecedor y tardamos un buen rato en recuperar el habla ante tal maravilla.

Argentina
Las inmensas llanuras argentinas nos empujaban a pedalear deprisa. En la Península Valdés no quisimos perdernos el espectáculo de las ballenas en pleno apareamiento. Sus acrobacias acuáticas no nos defraudaron. Realmente, mereció la pena recorrer tantos kilómetros de la Pampa para ver todo el interés concentrado en esta península llena de vida salvaje.

Chile
Un barco nos estaba esperando para recorrer la costa sur del país. En algunos tramos muy estrechos, las montañas parecían querer encerrar el barco. La sensación de estar en el fin del mundo se confirmó aquí, donde la niebla rara vez se levanta del horizonte. Y, después de 394 días de camino, llegamos a nuestro destino final en Tierra del Fuego, donde terminó un sueño y comenzaron los recuerdos. Frente a Ushuaia estaba el frío y gris canal de Beagle y, más allá, solo la Antártida.

M. A. Díaz y N. Cárcamo, "América en bici", *El País* (2000).

5

Vamos a elaborar la declaración de derechos de un colectivo.

Para ello aprenderemos:

- ✔ a valorar propuestas y a plantear condiciones para su aceptación,
- ✔ a argumentar nuestras decisiones,
- ✔ a expresar obligaciones, derechos y prohibiciones,
- ✔ enumeraciones, adiciones
  ... ni siquiera... / ... e incluso...,
- ✔ usos del pronombre neutro,
- ✔ usos de Indicativo / Subjuntivo
  es cierto que... / no es cierto que...

gente con derechos

REBELIÓN EN EL BOSQUE

La tarántula: Nosotros somos más numerosos que ellos y tenemos más recursos para atacarles. ¡Vamos a por ellos!

El lobo: Eso, eso. Un ataque combinado. Por un lado, víboras, tarántulas y escorpiones. Por el otro, lobos, tigres y osos.

El ciervo: No, no, de ninguna manera. Hay que pactar. Si les atacamos, pueden volverse muy peligrosos.

La rana: Es verdad. La tecnología que han desarrollado es peligrosísima para todos, incluso para el propio planeta y para los propios humanos.

La jirafa: Ese es el problema, se están cargando el planeta.

El águila: Es cierto, no nos respetan ni a nosotros, ni a las plantas, ni siquiera se respetan a sí mismos.

El elefante: Escuchadme un momento, por favor: siempre fuimos buenos amigos. ¿Por qué no hablamos con ellos por las buenas? A ver si logramos que se comporten de una forma más razonable.

El oso panda: Yo creo que el elefante tiene razón. Entre ellos los hay muy concienciados, en grupos ecologistas y de defensa de los animales. Tenemos que ponernos en contacto con esos grupos y ofrecerles nuestra colaboración.

La cebra: Bah, parecen defensores de los animales, pero en el fondo no lo son...

El/La______: ______________________________

El/La______: ______________________________

1 Animales en asamblea

Los animales han convocado una asamblea para discutir sobre su relación con los humanos.

Actividades

A Leed los documentos de estas dos páginas. ¿Tenéis noticia de otros problemas que los humanos causamos al mundo animal? En pequeños grupos, tratad de formular algunos y añadidlos a la lista que ha escrito el lobo.

B Escucha la grabación y di quién crees que habla en cada caso. Intenta relacionar las intervenciones habladas con las del diálogo escrito.

Dos animales no aparecen en los textos, ¿quiénes son? Escribe una síntesis de lo que dicen.

C ¿Podemos reconocerles derechos a los animales? Lee las siguientes opiniones de humanos y observa cómo se enlazan las ideas para formar argumentos:

- Los animales **tal vez no tengan** la capacidad de pensar, **pero sí tienen** la de sufrir. **Y nosotros** no tenemos derecho a causarles dolor.
- Los problemas de los animales **serán importantes**, **pero más lo son** los de las personas. **Y de estos** aún quedan muchos por resolver.
- La naturaleza **es la lucha** por la supervivencia. **Y toda lucha** comporta sufrimiento.
- **Si alguien es** insensible al sufrimiento de los animales, **¿cómo podemos esperar que sea** sensible al de las personas?
- Los humanos formamos parte del reino animal. **Es verdad que no es lo mismo** una persona que un ciervo, **pero tampoco es lo mismo** un caballo que un ratón, **ni** este que una mosca. **Entonces**, ¿dónde ponemos los límites?

Si tenéis más ideas sobre este tema, podéis formularlas siguiendo estos modelos.

- Es verdad que los humanos a veces son muy crueles, pero más lo son algunos animales...
- A mí lo que me parece es que...

2 Automovilistas y peatones: intereses contrapuestos

¿Qué piden los peatones? ¿En qué condiciones lo aceptan los conductores de coches? En dos grupos, A y B, leed el cuadro que os corresponda. Cada grupo debe añadir sus propias ideas.

Grupo A

PROPUESTAS DE LOS PEATONES

- Suprimir el tráfico en las ciudades los sábados y los domingos.
- Poner una duración mínima de un minuto en todos los semáforos para peatones.
- Reducir a 30 Km/h el límite de velocidad máxima en las ciudades.
- Prohibir el acceso de coches a los parques naturales y a otros espacios protegidos.
- Obligar a los coches particulares a aparcar a más de 2 Km de playas y de parques.
- Limitar a casos de urgencia la circulación de coches por la ciudad entre las 22.00 h y las 7.00 h.
- Aumentar los impuestos para los coches.

...

Grupo B

CONDICIONES DE LOS CONDUCTORES

- Construcción de túneles.
- Ampliación del horario de metro y aumento del número de autobuses nocturnos.
- Amplias zonas de aparcamiento gratuito cerca de las zonas peatonales del centro de las ciudades.
- Suficientes transportes públicos, rápidos y frecuentes.
- Subvención en la compra de bicis.
- Reducción del número de semáforos.

...

Ahora, intentad llegar a acuerdos entre el grupo A y el B.

- Proponemos que se suprima el tráfico en las ciudadesel fin de semana.
- De acuerdo, pero siempre y cuando haya transportes públicos suficientes, rápidos y frecuentes.

3 Alumnos y profesores

En grupos de tres, completad estas listas con vuestras propias ideas. Podrían formar parte de vuestro reglamento del aula.

Ningún profesor podrá:
- poner deberes para el fin de semana.
- suspender a un alumno sin discutirlo antes con él en un restaurante de cinco tenedores.

...

Todo profesor tiene la obligación de:
- escribir un informe detallado y razonado de los deberes para casa.
- informar de las preguntas de los exámenes con tres semanas de antelación.

...

Ahora, escribidlas en forma de reglamento, añadiéndoles marcadores temporales; leedlas después al resto de la clase:

– A partir de ahora, ningún profesor podrá suspender a un alumno sin discutirlo antes con él en un restaurante de cinco tenedores.

HACER PROPUESTAS, SUGERENCIAS

Habría que
Deberíamos **cambiar** las leyes.
Propongo

Proponemos que cambien las leyes.

Sería conveniente que cambiaran las leyes.

ACEPTAR CON CONDICIONES

- Reestructuraremos el centro de la ciudad.
- **Si no hay** parques, no lo aceptamos. / no estamos de acuerdo.

- De acuerdo, pero...
  si os comprometéis a que / **siempre que** / **siempre y cuando** / **con tal de que** — **haya** parques.

  si nos prometéis que — **habrá** parques.

MARCADORES TEMPORALES DE INICIO

A partir de ahora,...
A partir del próximo día 1 de enero,...
De ahora en adelante,...
Desde este momento,...
Desde este mismo instante,...

ESTABLECER NORMAS, DERECHOS Y OBLIGACIONES

Todo individuo...
Toda persona...

tendrá que
deberá
tiene la obligación de respetar la naturaleza.
está obligado a
ha de

tiene derecho a vivir en libertad.

Nadie podrá / tiene derecho a maltratar a los demás.

En ningún caso se podrá
Queda prohibido fumar.
Está prohibido

ENUMERACIONES, ADICIONES

Ni..., ni..., (ni tampoco...,) y ni siquiera...
Y..., y..., (y también...,) e incluso...

EL/LA/LOS/LAS DE

La vida del hombre y la de la mujer.
Los problemas de la gente y los del mundo.
Las decisiones del gobierno y las de los sindicatos.

USO DEL PRONOMBRE NEUTRO

- Echarle la culpa a la industria **parece** una postura fácil, **pero no lo es.**
- (En mi opinión) **sí que lo es.**

Consultorio gramatical, páginas 134 a 139.

4 Ni siquiera... E incluso...

Observad estas dos listas, una con frases afirmativas y otra, con negativas.

Los humanos...

... atacan a los animales del bosque.
... atacan a las plantas.
... atacan a los animales domésticos, que son sus amigos.

... no respetan la selva.
... no respetan el mar.
... no respetan los ríos de donde sacan el agua para beber.

Ahora, fijaos cómo se forma una sola frase a partir de las tres anteriores, enumerando y enlazando sus distintos elementos.

- Atacan a los animales del bosque, y (también) a las plantas, e incluso a los animales domésticos, que son sus amigos.
- No respetan la selva, ni (tampoco) el mar, ni siquiera los ríos de donde sacan el agua para beber.

¿Cómo son las informaciones que se presentan con incluso y ni siquiera? Pensad en otras posibles listas semejantes a esas dos, por ejemplo:

cosas que hace algún conocido que es muy...

amable	antipático	ordenado	trabajador	atrevido

Escribid las listas y luego enlazad sus elementos con incluso y ni siquiera.

5 ¿Estás de acuerdo con estas afirmaciones?

Habla con otro compañero y contrasta con él estas opiniones.

- México es un lugar maravilloso para vivir.
- Los jóvenes, en general, son egoístas.
- Los españoles son muy nacionalistas.
- Los niños están muy manipulados por la publicidad.
- Los países ricos son los culpables de los problemas de los países pobres.
- El presidente de Estados Unidos es un buen político.
- Las mujeres están todavía muy explotadas.
- Los medios de comunicación no son libres.

Ahora, piensa tú tres afirmaciones y coméntalas con tu compañero para ver si está de acuerdo contigo.

- El trabajo es un valor fundamental para los hombres.
- No, no lo es.
- Pues yo creo que sí lo es.

6 Derechos de los consumidores

Lee el documento que un grupo de consumidores ha redactado y que refleja su malestar ante cierto tipo de publicidad. ¿Estás de acuerdo con ellos?, ¿añadirías algo más a la lista de medidas que proponen?

ADDAP

ASOCIACIÓN PARA LA DEFENSA DE LOS DERECHOS ANTE LA PUBLICIDAD

1 Todo material publicitario recibido por el consumidor en su domicilio o en su correo electrónico debe ser consentido. Por lo tanto, las empresas deberán contar con una autorización previa para hacer llegar sus anuncios al destinatario.

2 Ciertos productos que atentan contra la salud pública, como el tabaco o el alcohol, no podrán ser objeto de publicidad en ningún tipo de soporte o canal (prensa, radio, televisión) ni a través de patrocinadores privados (competiciones deportivas).

3 Como consumidores tenemos derecho a una información veraz y detallada de las características de los productos. Por ello, se evitarán las mensajes equívocos o las simulaciones que puedan dar lugar a interpretaciones erróneas.

4 A partir de ahora, los espacios públicos como bibliotecas, centros docentes, polideportivos, etc. se considerarán espacios libres de publicidad.

5 Las empresas deben evitar lanzar mensajes que resulten degradantes para sus competidores en el mercado.

6 De ahora en adelante, queda prohibido el uso de cualquier tipo de lenguaje ofensivo o vulgar (expresiones malsonantes, tacos, etc.) en los espacios publicitarios.

7 Las cadenas de televisión deberán disminuir el tiempo de emisión de los espacios publicitarios. Este, en ningún caso, deberá sobrepasar los diez minutos por hora de programación.

8 Todo espacio publicitario deberá ser supervisado y aprobado por un organismo regulador a fin de evitar que se emitan mensajes de índole sexista, racista, violenta o vejatoria para ningún tipo de colectivo.

9 En ningún caso se podrán incluir en los anuncios símbolos relacionados con grupos de ideología violenta ni mostrar en ellos ningún tipo de arma.

10 El consumidor debe ser advertido de que está recibiendo un mensaje publicitario. Por lo tanto, se evitará, en la medida de los posible, el uso de la publicidad indirecta (incluida en series de televisión, cine, etc.).

- Pues sí, a mí me preocupan, sobre todo, los niños porque no distinguen muy bien lo que es publicidad y lo que no... y a veces los mensajes les confunden ¿no?
- Sí, debería haber un código muy estricto en la programación para niños...

OS SERÁ ÚTIL...

Para plantear una opinión matizándola.

Al principio.

Lo que yo digo/pienso es que...
A mí, lo que me parece es que...

Al final.

(Bueno,) así lo veo yo.
(Bueno, al menos) eso es lo que yo pienso.

Para expresar desacuerdo.

Yo no lo veo así.
Eso es absurdo/injusto.
Eso no puede ser.

Para intentar llegar a un acuerdo.

En este punto podrías...
hacer alguna concesión.
ceder un poco, ¿no?

¿No estáis exigiendo demasiado?

7 Todos tienen derecho a...

A

Todos tienen derecho a...
Ahora, cada grupo va a elegir un colectivo y a escribir una posible declaración de sus derechos. Organizaos de modo que haya grupos enfrentados. Aquí tenéis algunas ideas. Podéis pensar en otros colectivos que os interesen especialmente.

- no fumadores/fumadores
- adolescentes/padres de los adolescentes
- consumidores/comerciantes
- amos/as de casa/miembros de la familia que trabajan fuera de casa
- telespectadores/gestores de las cadenas de televisión
- usuarios de aviones/compañías aéreas
- ...

Para tener más ideas, escuchad a estos ciudadanos. ¿A qué colectivo pertenecen? ¿De qué se quejan? ¿Crees que tienen razón?

B

Para preparar vuestra declaración de derechos deberéis...

- hacer una lista de los problemas que tiene el grupo que habéis elegido.
- buscar en el diccionario o con ayuda del profesor el vocabulario que os falte.
- poneros de acuerdo sobre qué derechos tiene vuestro grupo y formularlos por escrito en una declaración.

C

Debate y acuerdo
Los dos grupos enfrentados presentad vuestra declaración ante el resto de la clase. Los demás escuchad sus propuestas; podéis hacer preguntas, discutir, señalar los "puntos débiles", etc. Luego, entre toda la clase, tratad de pactar una normativa que contente a los dos grupos enfrentados. Un secretario se encargará de recoger las resoluciones.

- *En esto podríais ceder un poco, ¿no?*
- *Vale, de acuerdo, aceptaremos lo de la subida de precios, pero siempre que vosotros aceptéis que todo el mundo tenga derecho a...*

EL PUERCOESPÍN MIMOSO

Esta mañana –dijo el profesor– haremos un ejercicio de zoomiótica. Ustedes ya conocen que en el lenguaje popular hay muchos dichos, frases hechas, lugares comunes, etcétera, que incluyen nombres de animales. Verbigracia: vista de lince, talle de avispa, y tantos otros. Bien, yo voy ahora a decirles datos, referencias, conductas humanas, y ustedes deberán encontrar la metáfora zoológica correspondiente. ¿Entendido?

–Sí, profesor.

–Veamos entonces. Señorita Silva. A un político, tan acaudalado como populista, se le quiebra la voz cuando se refiere a los pobres de la tierra.

–Lágrimas de cocodrilo.

–Exacto. Señor Rodríguez. ¿Qué siente cuando ve en la televisión ciertas matanzas de estudiantes?

–Se me pone la piel de gallina.

–Bien. Señor Méndez. El nuevo ministro de Economía examina la situación del país y se alarma ante la faena que le espera.

–Que no es moco de pavo.

–Entre otras cosas. A ver, señorita Ortega. Tengo entendido que a su hermanito no hay quien lo despierte por las mañanas.

–Es cierto. Duerme como un lirón.

–Esa era fácil ¿no? Señor Duarte. Todos saben que A es un oscuro funcionario, uno del montón, y sin embargo se ha comprado un Mercedes Benz.

–Evidentemente, hay gato encerrado.

–No está mal. Ahora usted, señor Risso. En la frontera siempre hay buena gente que pasa ilegalmente pequeños artículos: radios, transistores, perfumes, relojes, cosas así.

–Contrabando hormiga.

–Correcto. Señorita Undurraga. A aquel diputado lo insultaban, le mentaban la madre, y él nunca perdía la calma.

–Sangre de pato, o también frío como un pescado.

–Doblemente adecuado. Señor Arosa. Auita, el fondista marroquí, acaba de establecer una nueva marca mundial.

–Corre como un gamo.

–Señor Sienra. Cuando aquel hombre se enteró de que su principal acreedor había muerto de un síncope, estalló en carcajadas.

–Risa de hiena, claro.

–Muy bien. Señorita López, ¿me disculparía si interrumpo sus palabras cruzadas?

–Oh, perdón, profesor.

–Digamos que un gángster, tras asaltar dos bancos en la misma jornada, regresa a su casa y se refugia en el amor y las caricias de su joven esposa.

–Este sí que es difícil, profesor. Pero veamos. ¡El puercoespín mimoso! ¿Puede ser?

–Le confieso que no lo tenía en mi nómina, señorita López, pero no está mal, no está nada mal. Es probable que algún día ingrese al lenguaje popular. Mañana mismo lo comunicaré a la Academia. Por las dudas, ¿sabe?

–Habrá querido decir por si las moscas, profesor.

–También, también. Prosiga con sus palabras cruzadas, por favor.

–Muchas gracias, profesor. Pero no vaya a pensar que ésta es mi táctica del avestruz.

–*Touché.*

Mario Benedetti, *Despistes y franquezas* (1990)

SOCIEDAD

La Vanguardia, 5 de enero

Los animales y las personas en el mundo actual

Los niños europeos consideran a los animales domésticos integrantes de su familia.

Josep Playà Maset, **España**

La unidad familiar no está en crisis pero sí en transformación. Una reciente encuesta entre niños de Europa occidental muestra que, en aquellos países donde la familia se reduce al núcleo estricto de padres e hijos, los más pequeños consideran plenos integrantes a los animales domésticos. El informe "¿Qué piensan los niños y niñas de la familia?", del centro de estudios Kind de Bélgica, analizó la opinión de niños de 7 a 12 años de Bélgica, Holanda, Francia, España y Portugal mediante respuestas a distintas preguntas. El resultado es que en Bélgica, Holanda y, en menor medida, en Francia, los animales domésticos ocupan una posición más importante que los abuelos, y los niños los colocan al mismo nivel que a otros miembros. "Vivo con mis padres y mis dos hermanos, mi perro y mis dos gatos... mi perro hace tonterías y mis gatos son maravillosos", dice Nathalie, de 12 años. En España y en Portugal la familia incluye a los abuelos y se cita a menudo a tíos y primos. Los animales son menos importantes, aunque muchos niños desearían tenerlos. Y si en estos últimos países sólo se cita a los perros, más al norte se mencionan gatos, peces, pájaros, tortugas, etc.

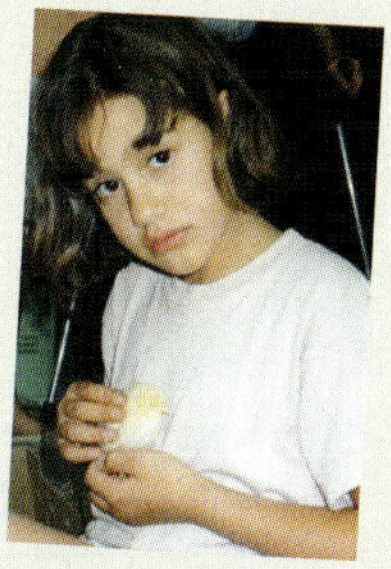

8 **¿Cómo vemos a los animales en español? ¿Qué virtudes y defectos se atribuyen a los animales en el texto de Benedetti? ¿Y en las frases siguientes?**

No seas burro/a.	No seas pulpo.	No seas ganso/a.
No hagas el mono.	¡Qué mono/a es!	¡Bestial!
Es un animal.	Está como una cabra.	Es muy hormiguita.
Come como un/a cerdo/a.	Es un bestia.	Es un zorro.

Y en tu lengua, ¿son aburridas las ostras?, ¿o no lo son?

Se aburrió como una ostra.	Es un lince.
Es astuto/a como un zorro.	Es ágil como una gacela.
Es lento/a como una tortuga.	Tiene más vueltas que un caracol.

- En mi lengua las aburridas no son las ostras, sino las focas.
- Pues en la mía lo son los gansos.

9 **Lee el artículo de *La Vanguardia*. ¿Has tenido o tienes animales de compañía? ¿Cómo ha sido tu convivencia con ellos? Cuenta alguna experiencia que recuerdes sobre ellos.**

6

Vamos a enjuiciar las relaciones que mantuvo un grupo de personas.

Para ello aprenderemos:
- ✔ a describir caracteres, actitudes y sentimientos,
- ✔ a relatar y valorar situaciones y hechos pasados,
- ✔ usos de Subjuntivo: hablar de emociones pasadas **le sentó fatal que... / no soportaba que...,**
- ✔ a justificar y a criticar comportamientos,
- ✔ organizadores de la información **según... / me he enterado de que...**

gente con corazón

LO CUENTAN LAS QUE MÁS LE QUISIERON

Desde la desaparición, el pasado día 23 de junio, del archiconocido empresario y *playboy* Guillermo Santaclara, cuando se hallaba a bordo de su yate frente a la costa de Ibiza, la prensa no ha dejado de investigar sobre su pasado y su personalidad. Nuestra corresponsal Maruja Castillo ha entrevistado a las que fueron algunas de sus compañeras para saber quién y cómo era realmente Guillermo Santaclara. A todas ellas les ha hecho dos preguntas: **¿cómo era él?, ¿cómo fue tu vida a su lado?**

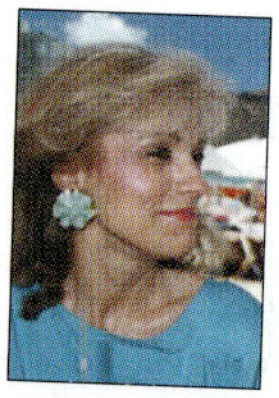

PAMELA ANDRÉS
Economista

Yo fui durante diez años su mano derecha. En esa época Willy era una persona maravillosa, un hombre simpático, comunicativo; siempre estaba alegre. Tenía ganas de triunfar y éramos jóvenes... Fueron unos años muy intensos. Fue entonces cuando creó la mayor parte de sus empresas. Yo aprendí muchas cosas a su lado, o mejor dicho, lo aprendí todo.

PAMELA ANDRÉS: "YO FUI SU MANO DERECHA".

1 Revistas del corazón

Las compañeras sentimentales de Guillermo Santaclara valoran los momentos que vivieron a su lado.

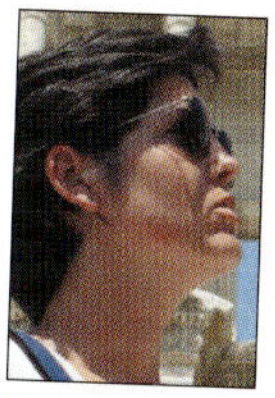

VIRGINIA LÓPEZ
Enfermera

Por desgracia, en la época en la que estuve con él, Guillermo ya sólo quería vivir tranquilo. Había estado casado cuatro veces y, lógicamente, ya no le interesaban ni las mujeres, ni la vida social, ni el éxito... Solo quería que le cuidaran, tomar el sol, comer bien, leer a Homero y a Shakespeare... Ah, y encima, le apasionaba jugar con su ordenador horas y horas.

CARMEN LOZANO
Diseñadora de moda

Yo lo pasé muy mal. Fueron dos años de los que tengo muy malos recuerdos. Era un egoísta, una persona que solo pensaba en sí misma. Lo único que buscaba siempre era que le admiraran y que le obedecieran. Y encima, no aceptaba que su compañera tuviera su propia vida. Por suerte, pude apartarlo de mi vida...

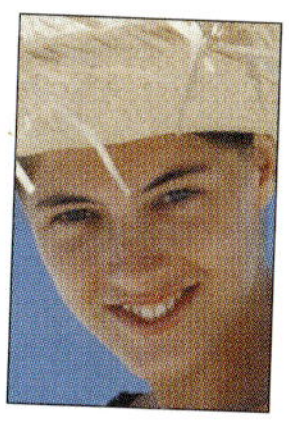

PAZ HERNÁN
Actriz

La verdad es que fueron tiempos difíciles para mí. Afortunadamente, no fueron muchos años. Yo no podía aceptar que hubiera tantas mujeres en su vida: su madre, sus cuatro ex esposas, sus amigas, sus hijas, su secretaria... Era muy independiente, no aceptaba que nadie le controlara, que alguien quisiera un compromiso serio con él.

LOLA LANG
Modelo

Yo viví con él tres años, unos años nada fáciles. Era una persona terriblemente complicada. Aparentemente, era un gran comunicador, muy sociable, pero yo diría que era una persona completamente impenetrable e introvertida. Nadie sabía nunca qué pensaba, qué sentía o qué iba a hacer al día siguiente.

EVA MARTÍNEZ FEITA
Fotógrafa

Nuestro matrimonio duró poco, desgraciadamente. Pero la verdad es que fueron unos meses inolvidables: Bahamas, Acapulco, Secheylles... Sinceramente, era un hombre maravilloso. Yo nunca he conocido a nadie con un corazón tan grande, que fuera capaz de ayudar y comprender a los demás como él.

RITA SALVADOR
Cantante

Hay que reconocer que no era una persona corriente. Era un hombre especial, diferente. Para mí, fue la época más feliz de mi vida, aunque tuve que dejar mi profesión. Tuvimos dos hijas y él fue siempre un buen padre. Lo dejamos, pero, de todos modos, siempre le he seguido queriendo...

Actividades

A Guillermo Santaclara, ¿qué época crees que compartió con cada una de sus compañeras sentimentales? ¿En qué te has basado para tu decisión? Coméntalo con tus compañeros.

	NOMBRE
1975-1985	__________
1985-1987	__________
1987-1990	__________
1990-1995	Rita
feb 96-oct 96	__________
1997-1999	__________
1999-2001	__________

- Entre 1975 y 1985 estuvo casado con... porque ella dice que...

B ¿Qué dicen sus ex compañeras sobre su carácter y sobre el período que pasaron con él? Toma notas y compáralas con un compañero.

C Ahora subraya todos los verbos en Imperfecto y en Indefinido. Intenta clasificar los diferentes usos de estos dos tiempos verbales.

¿Hay algún otro tiempo verbal que te llame la atención? ¿Cuál? ¿Cuándo crees que se usa?

D La emisora de radio GENTE ESTUPENDA ha querido profundizar más en estas declaraciones y tres de las entrevistadas comentan sus experiencias. ¿Quiénes son?

Y tú, ¿cómo crees que era realmente Guillermo?

un machista
una persona difícil
un hombre fantástico
un hombre normal
una persona muy especial
un...

porque...

2 ¿Por qué no funcionó?

Una persona nos relata una historia de amor. Escucha y trata de anotar los datos más importantes en relación con los siguientes puntos:

- el lugar y las circunstancias en que se conocieron
- los problemas que tuvieron
- la valoración de la experiencia
- las razones por las que no funcionó

3 Relaciones difíciles

Estos dos amigos alquilaron un piso juntos durante unos meses, pero las cosas no fueron bien. ¿Puedes imaginar por qué? Formula el máximo de frases posibles.

• Pancho no soportaba que Óscar no colaborara en la limpieza.

PANCHO GUTIÉRREZ
Era muy limpio y muy ordenado.
Estaba preparando unos exámenes.
Necesitaba mucha tranquilidad.
Tocaba la flauta.
Ensayaba por las mañanas.
Fumaba mucho.
Tenía un gato.
Era un poco tacaño.

ÓSCAR PLANAS
No colaboraba nunca en la limpieza.
Se levantaba muy tarde.
Odiaba a los animales.
Escuchaba música hasta muy tarde.
Daba fiestas con amigos.
Nunca pagaba el alquiler el día que tocaba.
Nunca iba al supermercado.
Se compraba muchas cosas con el dinero común.
No soportaba el tabaco.
Siempre dejaba todas las luces encendidas.

Piensa ahora en una relación difícil que hayas tenido con alguien (un compañero de trabajo, un familiar, etc.) y que ya no mantengas. ¿Qué conflictos teníais? Escribe varias frases como las de la actividad anterior. Luego, comenta con tu compañero si tenías razón para enfadarte.

ACTITUDES FRENTE A ACCIONES DE LOS DEMÁS

Referidas al presente.

(Él) **no soporta** / **no quiere** / **le gusta** **que ella se relacione...** ... con su familia.

Referidas al pasado.

(Él) no **soportaba** / no **quería** / **le gustaba** que se **relacionara**... ... con su familia.

Le sentó fatal / No **le gustó** que Marta **dijera** eso.

Cuando hay un solo sujeto, se utiliza el Infinitivo:

(Él) no **quiere** / **quería** **ordenar** la casa.

INFORMACIÓN

Citar la fuente.

Según Jaime / él / ella...

Garantizar la información.

..., te lo aseguro,...
..., te lo prometo,...

No garantizar la información.

Según dicen... **Dicen que...**
Según parece... **Parece que...**
He oído que... **Me he enterado de que...**

Relativizar informaciones anteriores.

Lo cierto es que... **La verdad es que...**
De todos modos,... **De todas maneras,...**

Resaltar lo esencial.

En el fondo,...
A fin de cuentas,...
Hay que reconocer que...

Actitud frente a la información.

Por suerte... **Afortunadamente...**
Por desgracia... **Desgraciadamente...**
Por fin...

Presentar información negativa.

Para colmo... *Encima...* *Lo que faltaba...*

Lo que es peor... *Lo malo es que...*

Resumir.

En resumen,... *Total, que...*

Introducir explicaciones.

Lo que pasa es que...

Pedir explicaciones.

Y entonces, ¿qué...?/¿cómo...?/¿cuándo...?
¿Cómo es que...?

VALORAR UN PERÍODO

En aquella época — *yo lo pasé muy mal.*
Elena lo pasó fatal.

Durante aquel verano — *lo pasamos genial.*

Fue una época — *interesante.*
etapa — *dura.*
temporada — *maravillosa.*

Fueron unos años — *muy difíciles.*
unos meses — *bastante duros.*
unos días — *maravillosos.*

VALORAR ACCIONES DE OTROS

Es normal que **estuviera** enfadado.
Es lógico que **tuviera** celos.
Es una pena que no **haya** podido venir.

Consultorio gramatical, páginas 140 a 145.

4 Se estropeó el coche

Con un compañero, imagina situaciones posibles en las que alguien podría decir las siguientes frases. Luego, discutid entre todos qué significarían en ese contexto.

... y, **según parece**, se estropeó el coche.
Se estropeó el coche, **te lo aseguro.**
Lo que pasó es que se estropeó el coche.
... pero, **desgraciadamente**, se estropeó el coche.
Y **encima**, se estropeó el coche.
De todas maneras, se estropeó el coche.
Según Luis, se estropeó el coche.
Total, que se estropeó el coche.
¿Cómo es que se estropeó el coche?
...y por fin se estropeó el coche.

- *Y por fin se estropeó el coche. ¿Qué situación imaginas?*
- *Pues, por ejemplo, alguien quiere cambiarse el coche, pero su pareja no, porque el coche funciona bien. Entonces...*

5 El baúl de los recuerdos

Piensa en algunos datos y épocas de tu vida y rellena el cuadro.

	Fecha.	Algo que sucedió.	¿Qué hacías en esa época? ¿Con quién vivías? ¿Dónde?...	Valoraciones.
el mejor verano de tu vida				
el período más interesante de tu vida				
la época más difícil				
el año más divertido				

- *El mejor verano de mi vida fue el del 72. Yo tenía ocho años y vivía con mis padres y mis hermanos. Aquel año fuimos a pasar las vacaciones a Italia, junto al mar, y fue un verano inolvidable.*

Cuéntalo a los compañeros. Todos juntos tratad de averiguar si hubo un año muy bueno o uno muy malo para toda la clase.

6 Un viaje accidentado

Aitor es un estudiante que en verano trabaja como guía turístico. El mes pasado realizó una ruta en bicicleta por España con un grupo un poco difícil. Estos son algunos fragmentos de su diario. Léelos y toma notas sobre las relaciones y los conflictos entre los personajes.

Ruta de la Plata

Álvaro y Lucas
Bárbara e Ignacio
Loles
Silvia y Víctor
Victoria

lunes, 2 de junio

Son ocho, conmigo nueve, y parecen simpáticos. Hemos salido de Mérida sin problemas y hemos llegado a Aljucén a las 20h. Estábamos todos muy cansados. O sea que no hemos tenido demasiado tiempo para conocernos. Les he comentado que teníamos que madrugar si queríamos respetar el programa. Los dos más jóvenes, Álvaro y Lucas, no estaban muy de acuerdo. Los demás parecían muy interesados en aprovechar al máximo la semana. Entre paréntesis: todos están en muy buena forma física.

jueves, 5 de junio

Los primeros días todo fue muy bien, pero hoy ha sido un día complicado. La verdad es que no es un grupo fácil. La pareja de Menorca, Bárbara e Ignacio, ha estado todo el día sin hablarse. Parece que es una historia de celos. Según dicen, él es terriblemente celoso y no quiere que ella se relacione con los chicos del grupo. Dicen que Álvaro, que es el típico niño pijo, está todo el día coqueteando con ella. Y es que es una mujer muy guapa...
Luego, está también Loles. Tiene una actitud un poco extraña. No sé qué le pasa. Casi nunca habla con nadie, está muy seria... Y, para colmo, está Lucas, que es el típico pesado, quejica... Según él, nada está bien organizado, los restaurantes son horrorosos, la ruta no está bien planeada... Y, claro, la culpa la tengo yo...

viernes, 6 de junio

Por fin hemos llegado a Salamanca. Hemos recorrido 40 km y hemos visitado las Escuelas Menores y la Casa de las Conchas. No lo hemos pasado mal, hemos cantado, nos hemos reído..., pero, de todos modos, noto que va a ser un grupo problemático. No hay buenas 'vibraciones' entre ellos... Un ejemplo: por la tarde ha venido a verme Silvia, la pareja de Víctor. Me ha dicho que no se encontraba a gusto, y que le molestaba muchísimo que, por las noches, Álvaro y Lucas pusieran música. Según me ha contado, anoche eran ya las once y la cosa seguía. Les pidió que se callaran y que quitaran la radio, porque quería descansar. Los otros le dijeron que les dejara en paz, que solo eran las once y que estaban de vacaciones... A ver qué pasa mañana. Lo cierto es que hay un ambiente un poco tenso.

sábado, 7 de junio

Hemos recorrido 79 km y hemos llegado a Zamora. Silvia quería ir a ver la iglesia románica de San Ildefonso, Loles tenía que ir a la farmacia y hemos decidido separarnos unas horas. Mientras, los demás hemos aprovechado para visitar el Museo de Semana Santa, que es muy interesante. Hemos quedado a las 14h en la plaza Mayor. Bárbara e Ignacio han llegado una hora tarde, como siempre. Teníamos planeado ir a comer a "Casa Mariano", un restaurante típico muy bueno. La especialidad de la casa es el cordero asado. ¡Pero se ha armado un lío! Victoria, que es vegetariana, ha dicho que ella no soportaba que todo el día estuviéramos comiendo carne, y se ha largado. Silvia y Víctor, cuando han visto que el menú costaba 40 euros, han decidido irse a comer un bocadillo. O van muy mal de dinero o son unos tacaños... Nunca invitan a nada, ni a un café. De todas maneras, el cordero estaba excelente y hemos pasado un buen rato comiendo y charlando.

domingo, 8 de junio

Afortunadamente, ya faltan solo tres días. Hay muy mal "rollo". Loles me ha explicado lo que pasa. Resulta que hace unos años Loles y Víctor estuvieron saliendo juntos un tiempo. Estaban muy enamorados (¡el primer amor!) pero tuvieron que separarse por no sé qué motivo, por razones familiares o algo así. Ahora, por casualidad, han coincidido en este viaje, sin saberlo. Y, claro, Silvia no se lo ha tomado nada bien... Sinceramente, es una situación incómoda para los tres.
Luego está el tema del tabaco. Hay tres personas que fuman y dos que no soportan el tabaco. Cada vez que estamos juntos en un lugar cerrado se plantea el problema. Lucas y Victoria son los que más protestan. No aguantan que nadie encienda un cigarrillo.

lunes, 9 de junio

Lo que faltaba: Ignacio y Víctor han tenido una discusión muy fuerte. Por la tarde, como casi todo el mundo estaba cansado, varios querían quedarse a dormir en Ardoncino. Pero Víctor quería que siguiéramos unos 30 km más. Es una persona a la que le gusta mucho mandar. Es un cabezota. Siempre quiere que todo el mundo le obedezca. Ignacio le ha dicho que ya estaba harto de él y que el único jefe era yo. ¡Por Dios! Con lo poco que me gusta a mí mandar... Ha sido muy desagradable. En resumen: como la mayoría prefería que descansáramos, hemos buscado alojamiento en Ardoncino. Pero eran las fiestas del pueblo y no había ni una habitación. Total, que hemos tenido que seguir hasta León. La pobre Victoria estaba hecha polvo. No es mala chica, pero es un poco pelma... Yo diría que se siente muy sola y, lo que es peor: ¡yo le gusto! O eso me parece a mí... Si no fuera tan sosa, la pobre... La quiero ayudar pero sin que se haga ilusiones.

martes 10

Lo de anoche fue demasiado... Se han pasado. Ya no les aguanto más... Menudo drama montaron... En resumen, que me voy. Les he dado la documentación y que se las arreglen solos, que terminen el viaje por su cuenta.

7 Puntos de vista

Ahora escucha lo que comentaron algunos de los personajes durante el viaje. ¿Quiénes hablan? ¿De quiénes hablan? Sigue tomando notas sobre ellos.

- *La primera debe de ser Victoria, porque dice que...*

Con toda la información que tienes ahora, completa el sociograma con datos sobre las diferentes personas y las relaciones que se establecieron entre ellos.

atracción

celos

conflicto

relación de pareja

OS SERÁ ÚTIL...

Disculparse.
No lo hice *con mala intención. adrede.*
Lo hice *sin querer. sin darme cuenta.*

Ejemplificar.
Un día, por ejemplo,...
Una vez...
Un ejemplo:...

Expresar sentimientos.
No me gustó nada
Me sentó fatal
Me molestó mucho
Me alegró
...que **dijeras** *eso.*

8 Nuestros personajes

PORTFOLIO

Elige una persona del grupo del viaje. Con los datos que tienes, piensa en el punto de vista que esa persona tiene sobre el viaje. ¿Cómo cuenta él/ella su versión? Prepara el guión de tu personaje. Luego, entre todos, escenificaréis una conversación después de la partida de Aitor.

Decidid si Aitor tenía motivos o no para dejar el grupo.

- *Pues Aitor no actuó bien.*
- *Ya, pero tenía razones para dejarnos, ya no aguantaba más, cada día soportando tus quejas, por ejemplo...*
- *Tú llegabas tarde a todas partes...*

9 Y tú, ¿has vivido algún viaje conflictivo? ¿Qué sucedió?

PORTFOLIO

UNA DESPEDIDA

Cristina Peri Rossi nació en Montevideo, Uruguay. Es poeta, cuentista y novelista. Comenzó su carrera literaria en 1963 con la publicacion de su libro de cuentos *Viviendo*. En 1972 se exilió a España, país en el que reside desde entonces. Este poema pertenece a su obra *Inmovilidad de los barcos*.

Última entrevista

La última entrevista fue triste.
Yo esperaba una decisión imposible:
que me siguieras a una ciudad extraña
donde sólo se había perdido un submarino
alemán

y tú esperabas que no te lo propusiera.
Con el vértigo de los suicidas
te dije: "Ven conmigo" sabiéndolo imposible
y tú –sabiéndolo imposible– respondiste:
"Nada se me perdió allí" y diste la
conversación

por concluida. Me puse de pie como quien cierra un libro
aunque sabía –lo supe siempre–
que ahora empezaba otro capítulo.
Iba a soñar contigo –en una ciudad extraña–,
donde sólo un viejo submarino alemán
se perdió.

Iba a escribirte cartas que no te enviaría.
Y tú ibas a esperar mi regreso
–Penélope infiel– con ambigüedad,
sabiendo que mis cortos regresos no serían definitivos.
No soy Ulises. No conocí
Ítaca. Todo lo que he perdido
lo perdí a sabiendas
y lo que no gané
fue por pereza. La última entrevista
fue un poco triste.

CRISTINA PERI ROSSI

10 ¿Cuál es el resumen que te parece más exacto de la historia de amor que cuenta este poema?

Ella tenía planeado irse a vivir un tiempo a otro país y quería que él fuera con ella. Se lo pidió pero él no quiso acompañarla. Entonces ella decidió no irse.

Ella tenía un buen trabajo en otro país. Le propuso a él que se marcharan juntos. Él no quiso pero ella sí se fue. De todos modos, la relación continuó.

Ella quería marcharse a otro país y esperaba que él la acompañara. Pero a él no le interesaba irse a esa ciudad y decidieron separarse.

Ella tenía decidido irse a otro país y sabía que él no la acompañaría, pero de todas formas se lo pidió. Como él no la siguió, la relación se acabó.

La voz que habla en el poema, ¿crees que es la de un hombre o la de una mujer?

11 ¿Cómo interpretas estas partes del poema? Coméntalo con tus compañeros.

"Una ciudad extraña
donde sólo un viejo submarino alemán se perdió."

"Me puse de pie como quien cierra un libro."

"Con el vértigo de los suicidas
te dije: ´Ven conmigo` sabiéndolo imposible..."

"Todo lo que he perdido
lo perdí a sabiendas
y lo que no gané
fue por pereza."

12 Lee esta encuesta sobre cómo se sienten los españoles. ¿Hay algo que te sorprenda? Luego, comenta con tus compañeros qué resultados creéis que daría la misma encuesta, realizada en vuestros países.

¿CÓMO SE SIENTEN LOS ESPAÑOLES? – ESPAÑA, UN PAÍS MAYORITARIAMENTE OPTIMISTA

Las encuestas revelan que la mayoría de los españoles prefiere ver las cosas desde el lado más agradable. Un 77% de los españoles está contento con su vida y solo un 32% se muestra pesimista ante el futuro.

	DE ACUERDO	EN DESACUERDO
– Puedo ayudar a los demás de muchas maneras.	89%	6%
– Uno siempre encuentra amigos si lo intenta.	87%	9%
– En general, estoy satisfecho con mi vida.	77%	18%
– La gente es honesta contigo si tú lo eres con los demás.	64%	29%
– Cualquiera puede mejorar su nivel de vida si se lo propone.	63%	29%
– Muchos son amables solo porque quieren algo de ti.	57%	37%
– Si tienes mala suerte, es imposible que las cosas te vayan bien.	46%	42%
– Soy muy pesimista ante el futuro.	32%	63%
– Frecuentemente, siento que nadie me necesita.	18%	79%
– Estoy harto de todo.	9%	87%

Fuente: *Centro de Investigaciones Sociológicas*

Vamos a elaborar el programa de un nuevo grupo político y a celebrar elecciones en la clase.

Para ello aprenderemos:

- ✔ a quejarnos de lo que no va bien,
- ✔ a hacer promesas y argumentarlas,
- ✔ verbos con preposición,
- ✔ usos del Subjuntivo: expresar deseos,
- ✔ a aludir a temas **lo de que... / eso de que...**,
- ✔ intensificadores de la información **verdaderamente / realmente.**

gente utópica

Tú&yo buzon@tu&yo.com

BUZÓN DE QUEJAS

¿DE QUÉ ESTÁS HARTO? AQUÍ TIENES TU ESPACIO PARA PROTESTAR PUBLICAMENTE. ¡NO TE CORTES!

Estoy harto/a...

De vivir rodeada de tantos coches. Del ruido y del humo. De que el ser humano, con lo inteligente que es, no haya sabido encontrar una alternativa al motor de combustión ni a la gasolina. Estoy harta de que en los bancos me cobren comisión hasta por respirar. Ya está bien de que cada vez tengamos menos tiempo para tomar un café tranquilamente con los amigos. Y, en general, de la falta de poesía que hay en nuestras vidas.
Pilar Hernández. Burgos.

De la falta de comunicación. De que la gente no sepa escuchar a los demás. De no saber qué decir a mi vecino cuando nos encontramos en el ascensor. De llevar siete meses en la lista del paro. De que los alquileres de los pisos en Bilbao estén por las nubes. De que cada vez sea más difícil comprar un tomate sin envoltorio de plástico. De que las fresas ya no tengan sabor ni olor. De ponerme nostálgico y de tener la sensación de haber nacido fuera de tiempo.
Alfonso Iraultza. Bilbao.

De no poder ver un buen programa en la televisión a pesar de tener 83 canales. De la publicidad en general. De que te intenten convencer de que si no eres guapo y no tienes un súper cuerpo ni un coche turbo, no tienes ninguna oportunidad en la vida. Ya está bien de que el médico me atiborre de pastillas al mínimo resfriado. Y de que los sentimientos, en esta época, sean un valor en baja.
Emilio Muñoz. Palencia.

De tener que vivir a tanta velocidad. De que mis hijos pasen horas en la escuela memorizando cosas inútiles. De tener sólo un mes de vacaciones y encima en agosto. De que los políticos presenten unos programas tan estupendos y luego nunca cumplan sus promesas. De llenar cada día dos bolsas de basura con envases de plástico, cartón, metal, vidrio,...
Carlos Olivella. Tarragona.

De tener la obligación de estar siempre muy mona y delgada por ser mujer. De que los semáforos pasen mucho más tiempo en rojo que en verde. Ya está bien de que la gente prefiera hablar de la cotización del dólar en Wall Street que de cuestiones sociales.
Maite Boada. Guadalajara.

INTERCAMBIOS

Compro libros de Eduardo Galeano. Estoy muy interesada en conseguir todas sus obras. También busco libros sobre cine mexicano. Por último, busco grabaciones y temas inéditos del grupo Triana. Agradeceré cualquier tipo de ayuda o de información que me deis para encontrar tanto los libros como las canciones.
Juana Moreno. C/ Valle Inclán, 18, 3º. 24 200 León.

¿Te interesaría amplio material videográfico de Ricky Martin no disponible en el mercado? Interesados o para más información escribir a:
Sergio Segura. Apartado de correos 197. 13 200 Manzanares (Ciudad Real). E-Mail: sergioseg@yahoo.es

Viernes, 19 de mayo

SUMARIO

2 libros
Lucía Etxebarría. Su último libro: *Un milagro en equilibrio*

8 música
Festivales de jazz. Temporada de verano.

11 escenarios
En pé de pedra pone a Santiago de Compostela en danza.

14 arte
CIBERIA, el museo de la red.

16 moda
Últimas tendencias: tonos cálidos. Avance de verano.

20 cine
Entrevista con Alejandro Amenábar director de *Mar Adentro*

Actividades

A Las personas que escriben a la sección "Buzón de quejas" protestan por distintas cosas. ¿Cuál es el tema que preocupa a más gente? Marca las personas que se refieren a los siguientes temas. Compara el cuadro con tu compañero.

	Pilar	Emilio	Alfonso	Carlos	Maite
- el medio ambiente	✓				
- los valores					
- la educación					
- el ritmo de vida					
- los medios de comunicación					
- la sanidad					
- la política					
- ...					

- *El medio ambiente preocupa a dos personas: a Pilar y a Alfonso.*
- *A tres, ¿no? Carlos parece que también, se queja de los envases de plástico y...*

B En el "Buzón de quejas" aparecen frases con Infinitivo o con Subjuntivo. Busca algunos ejemplos y subráyalos: ¿recuerdas cuál es la regla para el uso de una u otra forma?

C Escucha el fragmento de una encuesta sobre los asuntos que preocupan a los españoles. ¿Añaden algún tema a la lista anterior? ¿Cuál?

D ¿Te sientes identificado con alguna de las personas que han escrito en la sección del periódico o que han contestado a la encuesta?

- *A mí me pasa lo mismo que a Carlos, estoy harto de vivir a tanta velocidad...*

¿Cuáles crees que son las cuestiones sociales que preocupan en tu país? ¿Son las mismas que preocupan a los españoles?

E Escribe un pequeño texto para la misma sección del periódico y fírmalo. Puedes colgarlo por las paredes de la clase y leer los de los demás. ¿Qué temas interesan a la mayoría de los compañeros?

Ya está bien de tomar yogures con colorantes, conservantes y...

1 Lo que verdaderamente nos molesta...

Con un compañero al que crees que le interesan o preocupan los mismos temas que a ti, intentad encontrar:

- tres temas que os preocupan a los dos,
- dos cosas que rechazáis los dos,
- algo que os gustaría cambiar a los dos.

● A mí, lo que de verdad me indigna son las actitudes racistas.

Exponedlo y comentadlo luego con el resto de la clase.

● A nosotros, lo que nos resulta totalmente incomprensible es lo de la publicidad.
○ Sí, que te digan lo que tienes que comprar...

2 Un mundo ideal

¿Estás de acuerdo con estos deseos? ¿Por qué? Elige los tres que te parecen mejor y formula alguno más. Luego intenta encontrar a dos personas que piensen igual que tú.

Lo ideal sería que...	SÍ	NO	¿POR QUÉ?
... no tuviéramos que trabajar.			
... las mujeres tuvieran más poder.			
... la gente pasara más tiempo con su familia.			
... no tuviéramos que pagar impuestos.			
... fuera voluntario ir a la escuela.			
... no hubiera televisión.			
... estuviera prohibido fumar en todas partes.			
... hubiera una lengua universal.			
... no hubiera tantos avances tecnológicos.			
... todos pudiéramos vivir en el campo o en una pequeña ciudad.			

○ A mí, lo que me gustaría es que no tuviéramos que trabajar.
● Pero no podríamos vivir siempre de vacaciones, trabajar es necesario.

EXPRESAR RECHAZO

No **soporto**... / No **aguanto**... / Estoy **harto/a de**... / Me **fastidia**... / Me **molesta**... / Me **indigna**...
→ **la falsedad** de las personas. / **tener** que pagar impuestos. / **que** los ríos **estén** tan sucios.

En plural:
Me fastidia**n**/molesta**n**/indigna**n**...
...la**s** mentira**s** de los políticos.

Condicional/Imperfecto de Subjuntivo:
Me **molestaría** que **ganara** la oposición.

Para intensificar.

Me fastidia **muchísimo** / **enormemente** / **tremendamente** el tráfico.

Lo que **más** me molesta... / **de verdad** me fastidia... / **realmente** me desespera... / **verdaderamente** me indigna...
son las injusticias sociales.
es el conformismo.
es oír tonterías.
es que nadie **haga** nada.

Lo que me resulta **totalmente** intolerable... / inaceptable... / incomprensible... / injustificable...
son las ideas racistas.
es el racismo.
es tolerar el racismo.
es que los niños **trabajen.**

EXPRESAR DESEOS

Me **gustaría** mucho **colaborar** con una ONG. / **que mejorara** la educación.

Lo que me **gustaría es** **vivir** tranquila. / **que firmaran** la paz.

Lo ideal sería que cambiara la conciencia colectiva.

ALUDIR A TEMAS

Lo de la contaminación ambiental es un grave problema.
Lo de colaborar con una ONG me parece bien.

DECLARAR INTENCIONES

Bajaremos los impuestos.
Nos comprometemos a bajar los impuestos.
Prometemos que los impuestos baj**arán**.

EXPRESAR FINALIDAD

Mejoraremos el transporte público...

{ **... para** / **... a fin de** } **acabar** con la contaminación.

{ **... para que** / **... a fin de que** } el tráfico **disminuya**.

Consultorio gramatical, páginas 146 a 149.

3 Grupos políticos

Aquí tienes una lista de siglas y de nombres de diferentes partidos políticos. Relaciónalos. ¿Qué ideas crees que defienden cada uno de ellos?

CDT *FPT* PEN **LBA** **AIM** PSIH

- Partido Ecológico Natural
- Frente Primitivista Total
- Liga del Bienestar Animal
- Coalición para el Desarrollo Tecnológico
- Partido Saludable Integral Hispano
- Alianza por la Igualdad Mundial

De los grupos anteriormente mencionados, ¿cuál crees que ha incluido cada una de estas promesas en su campaña electoral?

Los libros y periódicos en papel desaparecerán. Si ganamos, promoveremos la lectura en soporte digital. Hemos diseñado un plan para que cada habitante del planeta tenga acceso a un ordenador y a Internet. ¡Salvemos el planeta, salvemos los árboles! ¡Cultura para todos!

Nuestra lucha es contra el cemento. Acabaremos con cada centímetro de carretera, de edificio, de puente... La solución es la vuelta a la naturaleza. El ser humano volverá a sus orígenes. Nuestro Plan de Formación en Vida Básica prevé la formación en técnicas como la construcción en madera y la caza de animales salvajes.

Promoveremos el deporte. Según nuestro programa cada barrio contará con instalaciones deportivas. En nuestro programa educativo las asignaturas de ciencia serán sustituidas por natación, balonmano, tenis, etc.

No descansaremos hasta que cada habitante del planeta pueda disfrutar de los mismos bienes. Conseguiremos que a cada rincón del planeta lleguen los avances tecnológicos. Todos tenemos derecho a tener cámara de fotos, lavadora y aire acondicionado.

Nuestra propuesta no es reciclar sino frenar el consumo. El grado de desarrollo y de consumo no es sostenible. Dejaremos de producir bienes superfluos.

Estamos hartos de ver sufrir a los animales. Nuestro grupo acabará con la esclavitud. Liberaremos a todos los animales prisioneros. Los tigres de los zoos, los canarios de sus jaulas, los peces de sus peceras. ¡Lucharemos para que todos puedan vivir en libertad!

Nuestro proyecto de futuro propone acabar con toda sustancia química implicada en la alimentación. Acabaremos con los aditivos, los colorantes, los conservantes... Reformaremos las leyes para que se prohíban los cultivos transgénicos. Daremos subvenciones para promover la agricultura biológica y local. Si comemos nuestros productos locales, reduciremos el gasto de combustible en el transporte.

Escribe otra promesa que podría hacer uno de estos grupos políticos. Léela a la clase. Tus compañeros tendrán que adivinar qué partido la ha incluido en su programa electoral.

4 Un programa político

En grupos, tendréis que elaborar el programa de un nuevo grupo político. Lee el programa del Movimiento Utópico Total. ¿Qué te parecen sus propuestas? ¿Lo votarías? ¿Por qué? ¿Con qué propuestas estás de acuerdo? ¿Qué ventajas e inconvenientes le encuentras a cada una de ellas?

M.U.T.

MOVIMIENTO UTÓPICO TOTAL

1 Promoveremos la participación ciudadana. Las cuestiones importantes que afectan a la vida de las personas se decidirán por referéndum.

2 Apoyaremos cualquier alternativa al mercado. Crearemos redes de trueque, intercambio de bienes y de servicios entre los vecinos de cada población.

3 Frenaremos el consumo para que la vida de las próximas generaciones sea viable. El planeta no puede resistir este ritmo de desarrollo.

4 Invertiremos gran parte del presupuesto en relanzar la cultura. Prohibiremos la televisión. Construiremos una gran red de bibliotecas y todo el mundo estará obligado a leer dos libros al mes.

5 La escuela será voluntaria. Solo las personas que lo deseen tendrán que ir al centro escolar. Las demás podrán estudiar desde casa. Los contenidos serán optativos. Cada individuo podrá escoger las materias que más le interesen.

6 Promoveremos la vida en comunidad. Construiremos viviendas con capacidad para varias familias. Fomentaremos la natalidad. El cuidado de los niños se hará entre todos los miembros de la comunidad.

7 Reduciremos la jornada laboral a 20 horas semanales. Apostamos por la formación continua. Las personas que lo deseen podrán cambiar horas de trabajo por horas de cursos de formación de adultos.

8 Para acabar con el ruido en las ciudades, el único medio de transporte individual que se permitirá en los centros urbanos será la bicicleta o el patinete.

9 Suprimiremos los empleos más duros. Esos trabajos se repartirán entre todos. Todo ciudadano estará obligado a realizar seis horas semanales de tareas sociales.

10 Prohibiremos la comida rápida. Cerraremos todos los locales que se dediquen a ese tipo de comida. Volveremos a la cocina natural sin conservantes ni colorantes. Para que cada ciudadano pueda disfrutar de la comida casera, abriremos locales donde se sirva cocido madrileño, paella, fabada asturiana y gazpacho, abiertos las veinticuatro horas del día.

- Lo de la vida en comunidad me parece bien.
- Ya, pero yo no sé si me acostumbraría a compartir mi casa con otras familias...

OS SERÁ ÚTIL...

La ventaja
Lo bueno
es que...

El inconveniente
Lo malo
El problema
es que...

Lo esencial
fundamental
más urgente
prioritario
es reformar totalmente la enseñanza.

Para vuestro mitin.

¡Esto no puede seguir así!
¡Basta de quejarse!
Es hora de encontrar soluciones...
Ha llegado el momento de...
Ofrecemos una solución para...
Sólo hay una alternativa:...
¡Vamos a ganar!

5 Este grupo es el mejor

Escucha la entrevista en la radio a una candidata que se presenta a las elecciones locales. ¿Qué expresiones utiliza para convencer a los demás de sus propuestas?

6 Vuestro programa

En grupos, vais a elaborar vuestro programa para las próximas elecciones. Elegid un nombre para el grupo político y un logotipo que simbolice sus ideas. Haced una lista de los temas que necesitan una solución más urgente.

- Lo de la contaminación es lo más urgente.
- Sí, tendríamos que incluir alguna propuesta para acabar con eso.

Proponed ideas para resolverlos.

- Podríamos proponer el tranvía como el único medio de transporte en las ciudades.
- Lo malo es que, entonces, mucha gente no nos votará...

Escribid entre seis y diez puntos clave de vuestro programa electoral.

Acabaremos con la contaminación, instalaremos una red de tranvías por el centro de las ciudades y, además, serán gratuitos. ¡Basta de ruidos! ¡Basta de humos!

Distribuid los programas por la clase. Podéis leer los de los otros grupos políticos.

7 El mitin

– Cada grupo tiene 3 minutos para dar un mitin con el que intentar convencer al resto de la clase de que sus soluciones y sus propuestas son las mejores. Primero, preparad el guión en grupos.

– Se celebran las elecciones. Cada miembro de la clase introduce su voto en una caja y después, entre todos, se hace el recuento. ¿Qué grupo político ha ganado?

LA CANCIÓN PROTESTA

El término *protest song* comenzó a usarse a partir de los años 60. Aunque es probable que existiera desde antes, fue la guerra de Vietnam la que lo proyectó hacia el resto del mundo. Los cantos reivindicativos siempre habían estado presentes en la sociedad latinoamericana y en la española, pero en los años 60 y 70, muchos cantantes y grupos se identifican con un mismo término, el de "canción protesta": Atahualpa Yupanqui, Violeta Parra, Mercedes Sosa, la Nueva Troba Cubana –liderada por Silvio Rodríguez y Pablo Milanés–, Víctor Jara, Daniel Viglietti, Quilapayún, Inti Illimani, etc. en Latinoamérica; Paco Ibáñez, Raimon, Serrat y Labordeta, en la España franquista. Todos ellos eligen, como temas principales de sus canciones, la discriminación racial, el antiimperialismo, la pobreza, el enfrentamiento con las dictaduras y con las clases dirigentes y el compromiso mismo del arte. Suelen escribir sus propias letras y, en ocasiones, ponen música a la obra de grandes poetas como Pablo Neruda, Nicolás Guillén, Miguel Hernández o Antonio Machado. Cantantes y grupos, a veces desde el exilio, se convierten en portavoces de la lucha por la libertad y por la justicia. Y no solo tienen un compromiso social: se comprometen, además, con las raíces de la tradición musical popular, con sus instrumentos y sus géneros, con la belleza y con la poesía. Y en torno a estos compromisos se forma uno de los movimientos musicales más importantes del mundo hispanohablante que más ha influido a músicos de otras culturas.

Aunque, en la actualidad, quizá compositores y público hayan dejado de usar el término "canción protesta", en muchas de las canciones que se escriben y componen hoy en día, en todos los géneros y estilos, sigue viva la semilla de esa música que reclamaba un mundo más justo y solidario.

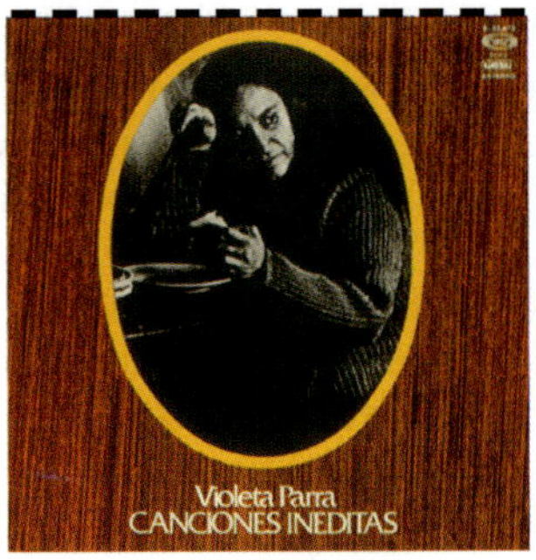

MANIFIESTO

Yo no canto por cantar
ni por tener buena voz.
Canto porque la guitarra
tiene sentido y razón.
…
Que no es guitarra de ricos,
ni cosa que se parezca.
Mi canto es de los andamios.
Para alcanzar las estrellas.
Que el cante tiene sentido
cuando palpita en las venas
del que morirá cantando
las verdades verdaderas.
…

Letra y música de Víctor Jara (Chile)

8 ¿Qué temas plantea cada canción? ¿Crees que las reivindicaciones de entonces siguen vigentes en la actualidad? En tu país o en otro que conozcas, ¿existen también "canciones protesta" ? ¿Qué denuncian o reclaman?

AL CENTRO DE LA INJUSTICIA

...El minero produce buenos dineros
pero para el bolsillo del extranjero
exuberante industria donde laboran
por unos cuantos reales muchas
señoras.
...

Letra de Violeta Parra, música de Isabel Parra (Chile)

PREGUNTITAS SOBRE DIOS

... Yo canto por los caminos,
y cuando estoy en prisión
oigo las voces del pueblo
que canta mejor que yo.

Hay un asunto en la tierra
más importante que Dios.
Y es que nadie escupa sangre
pa que otro viva mejor.

¿Que Dios vela por los pobres?
Tal vez sí, y tal vez no.
Pero es seguro que almuerza
en la mesa del patrón.

Letra y música de Atahualpa Yupanqui (Argentina)

CANTO A LA LIBERTAD

Habrá un día en que todos
al levantar la vista
veremos una tierra
que ponga libertad.
...

Haremos el camino
en un mismo trazado
uniendo nuestros hombros
para así levantar
a aquellos que cayeron
gritando libertad.

Letra y música de José Antonio Labordeta (España)

CUANDO TENGA LA TIERRA

Cuando tenga la tierra, sembraré
las palabras
que mi padre, Martín Fierro, puso
al viento.
Cuando tenga la tierra, la tendrán
los que luchan,
los maestros, los hacheros, los
obreros.
...

Letra de Ángel Petrocelli, música de Daniel Toro (Argentina)

Vamos a preparar una breve conferencia sobre un producto.

Para ello aprenderemos:

- ✔ a describir sus características y sus cualidades,
- ✔ a estructurar la información en un registro formal,
- ✔ a contraponer informaciones,
- ✔ a relacionar causas y consecuencias: usos de **por**,
- ✔ organizadores discursivos **por tanto... / por el contrario...**,
- ✔ construcciones concesivas con **sin embargo / aunque...**

prooliva.com

LA OLIVICULTURA

www.prooliva.com

A pesar de su antigüedad (más de 6000 años), el olivo sigue siendo un cultivo importante, que por otra parte se encuentra en proceso de plena modernización. En efecto, en la actualidad se seleccionan nuevas variedades más productivas, se mecaniza el cultivo y se estudian nuevas técnicas de elaboración para la obtención del aceite, un producto cada día más apreciado por su sabor y por su contribución a una dieta equilibrada y saludable.

La producción de aceite de oliva de calidad constituye un complejo proceso que comienza en el árbol y termina en el envasado. La calidad nace en el campo gracias a una combinación de diversos factores (suelo, clima, variedad, técnicas de cultivo y de recolección), y debe mantenerse durante todo el proceso de elaboración (transporte y almacenamiento de la oliva, extracción y conservación del aceite).
Por tanto, la prevención de las enfermedades y plagas del olivo (y, muy especialmente, de aquellas que por alguna causa producen daños al fruto) juega en este proceso un papel importante.

La extracción del aceite de oliva virgen en una almazara se puede hacer fundamentalmente por dos métodos: presión o centrifugación

El número de variedades de olivos que se cultivan es muy elevado. En España son más de 250.

El de oliva es prácticamente el único aceite vegetal que, al consumirse crudo, conserva íntegramente sus vitaminas, ácidos grasos esenciales y otros componentes de gran importancia dietética

gente y productos

❶ Aceite de oliva, naturalmente

En la página 66 tienes el sitio web de una cooperativa de productores de aceite de oliva. ¿Hay cosas que no sabías sobre el olivo y el aceite?

Actividades

A Mira las imágenes y, antes de leer los textos, escribe con un compañero todo lo que sepáis sobre el aceite de oliva. Luego, poned la información en común con el resto de los compañeros.

B Ahora lee el texto y escucha la conferencia. Con toda la información, trata de responder a estas preguntas:

- ¿Es un producto muy antiguo?
- ¿En qué países se cocina con aceite de oliva?
- ¿Cuándo y cómo se descubre que su consumo es muy saludable?
- ¿Qué enfermedades ayuda a prevenir?
- ¿Todos los aceites son iguales? ¿En qué se distinguen?
- ¿Crees que se consume mucho a escala mundial? ¿Y en tu país?

C En parejas haced una lista de todos los temas de los que habla el conferenciante. Ponedla luego en común con el resto de la clase. ¿Coincidís?

D Como habrás observado, en este tipo de textos las informaciones aparecen muy estructuradas. ¿Puedes intentar enlazar varios de los datos que has obtenido en B y C?

El aceite es saludable. Ayuda a prevenir enfermedades.
El aceite es saludable PORQUE ayuda a prevenir enfermedades.

2 Maneras de decir las cosas

BELLOTAS es una marca de jamón ibérico. El departamento de marketing está redactando un folleto de presentación. Hay dos propuestas para cada apartado. ¿Tú cuál elegirías en cada caso? Discútelo con un compañero.

EL JAMÓN IBÉRICO

A Uno de los más exquisitos productos de la gastronomía española es, sin duda alguna, el jamón ibérico. A pesar de ello, su consumo es todavía escaso fuera de España.

B Una de las cosas más ricas de la comida española es el jamón ibérico. Está claro. Pero todavía se consume poco fuera de España.

EL CERDO IBÉRICO

A El jamón es de carne de un tipo de cerdo que se llama cerdo ibérico. Es un cruce de varias razas de cerdos, pero sobre todo, del cerdo *mediterraneus,* que parece ser que viene de África. La carne de esta raza es muy diferente de cualquier otro tipo de carne de cerdo.

B El embutido se elabora a partir del denominado cerdo ibérico, fruto del cruce natural entre distintas razas de cerdos con predominio del llamado *mediterraneus* que, según los expertos, procede de África. La carne de dicha raza presenta diferencias fundamentales con respecto a cualquier otro tipo de carne de cerdo.

LOCALIZACIÓN GEOGRÁFICA

A En la península ibérica se producen embutidos ibéricos en el Suroeste, en aquellas zonas donde abundan los bosques de encinas y de alcornoques. Esto es, en las comarcas de Andalucía Occidental, Extremadura y Salamanca, principalmente.

B En la península ibérica se hacen embutidos ibéricos en el Suroeste, donde hay muchos bosques de encinas y de alcornoques. O sea, las comarcas de Andalucía Occidental, Extremadura y Salamanca sobre todo.

RECONOCER UN BUEN JAMÓN

A Pueden distinguirse diferentes tipos de jamón ibérico en función de su calidad. Por tanto, es imprescindible conocer algunos signos identificativos: el aspecto del jamón y el de su etiquetado.
En cuanto al aspecto, se han de observar numerosas vetas de grasa y, por otra parte, la pezuña debe ser negra. Por último, las etiquetas indican la cosecha (o *año* del jamón). Un precinto inviolable rojo señala que se trata de jamón de bellota, esto es, procedente de ganado alimentado exclusivamente con bellotas. Un precinto amarillo significa que es jamón ibérico.

B Jamón ibérico, hay de muchas clases, o sea que hay que saber reconocerlos. Te tienes que fijar en el aspecto del jamón y en el etiquetado. El jamón ibérico tiene muchas vetas de grasa y la pezuña es negra. En las etiquetas se ve la cosecha (o año del jamón). Luego, también

llevan como una especie de sello que no se puede quitar. Si es rojo, quiere decir que se trata de bellota, que está hecho con cerdos que solo han comido bellotas. El amarillo significa que es jamón ibérico.

EL FUTURO DEL IBÉRICO

A Efectivamente, en un futuro inmediato, la excelente calidad de nuestros embutidos, tanto desde el punto de vista dietético como gastronómico, hará que aumente sustancialmente su exportación. Y, por consiguiente, el sector tendrá un elevado crecimiento.

B Está claro que nuestros productos son buenísimos y muy sanos. Por eso, cada vez se exportarán más y el sector crecerá mucho.

Subraya con un compañero algunas expresiones y construcciones que te parezcan propias de un registro formal. ¿Qué tipo de diferencias observáis entre las versiones A y B? Elegid varios ejemplos y comentadlos con toda la clase.

SUSTANTIVOS DERIVADOS DE VERBOS

Terminaciones en -ción.

La acción de	obtener	es la	obten**ción**.
	elaborar		elabora**ción**.
	fabricar		fabrica**ción**.
	realizar		realiza**ción**.
	manipular		manipula**ción**.

Otras terminaciones.

La acción de	transportar	es el	transport**e**.
	almacenar		almacena**miento**.
	envasar		envas**ado**.

Más formal:
- **para** su **elaboración**
- **por** su larga **conservación**
- **durante** el **almacenamiento**

Más coloquial:
- **para elaborarlo**
- **porque puede conservarse mucho tiempo**
- **mientras se almacena**

CAUSAS: USO DE POR

Tiene un gran éxito...
por su sabor
(=porque sabe muy bien).
por su colorido
(=porque tiene colores muy bonitos).
por su precio
(=porque es muy barato/caro).
por su diseño
(=porque está muy bien diseñado).
por su tamaño
(=porque es muy grande/pequeño).
por sus cualidades dietéticas
(=porque es bueno para la salud).

CONTRAPONER INFORMACIÓN

A pesar de su precio, / ser caro, se vende bien.

Información presentada como nueva.

Aunque **es** caro, / **tiene** colesterol, se vende bien.

Información presentada como presupuesta.

Aunque **sea** caro, / **tenga** colesterol, se vende bien.

ANTEPOSICIÓN DEL ADJETIVO

... unas **excelentes** perspectivas
... **nuevos** mercados
... las **nuevas** tendencias
... **un gran producto** ≠ **un producto grande**

ADVERBIOS

únicamente
exclusivamente
esencialmente
fundamentalmente bellotas
generalmente
especialmente
concretamente

precisamente
efectivamente
naturalmente es un producto de gran calidad.
evidentemente
indudablemente
...

ORGANIZADORES DISCURSIVOS

Referirse a aspectos.
En cuanto a
Con respecto a la calidad del producto,...
En lo que se refiere a

Desde el punto de vista gastronómico,... nutricional,... ecológico,...

Aclarar, reformular.
Esto es,...
Es decir,...

Sacar consecuencias.
Por tanto,...
Por consiguiente,...
Tanto es así, que...
Es por ello (por lo) que...
Es por esta razón (por la) que...

Esto quiere decir que...
Esto significa que...

Contraponer datos.
Por el contrario,...
Sin embargo,...
A pesar de ello,...

Concretar, ejemplificar.
Por ejemplo,...
En concreto,...
En particular,...

Consultorio gramatical, páginas 150 a 155.

3 Relaciones

Observa estas informaciones. A veces son contradictorias, a veces unas son consecuencia de las otras. Únelas, utilizando organizadores discursivos y haciendo las transformaciones necesarias.

1– El aceite de oliva español es excelente. Es más conocido internacionalmente el italiano.
2– El consumidor está cada día más preocupado por cuestiones relacionadas con la salud. Ha aumentado de forma importante el consumo de productos biológicos.
3– Hay muchas personas que no consumen carne. Se les sigue tratando en muchos países como una excepción.
4– La lucha antidroga es muy compleja. Algunas mafias dedican su actividad a la producción de drogas.
5– Está demostrado que la comida rápida es perjudicial para los niños. Muchos padres siguen ofreciéndosela. Es más fácil y más cómodo.

• El aceite de oliva español es excelente. Sin embargo, el italiano es más conocido internacionalmente.

Escribe dos afirmaciones de este tipo sobre un producto que conozcas y léelas al resto de los compañeros. ¿Están todos de acuerdo?

4 Cambio de registro

Aquí tienes información sobre dos cosas muy diferentes pero que forman parte actualmente de nuestras vidas cotidianas: el láser y los vaqueros.

Escucha la conversación sobre el láser. ¿Qué deberías cambiar para dar toda la información en un tono formal? Con un compañero, tratad de escribir un pequeño texto sobre el tema, como si fuera la voz en off de un reportaje televisivo.

Ahora, vamos a hacerlo al revés. Vamos a mantener una conversación a partir de un texto escrito. Uno de vosotros es A y el otro es B.

ALUMNO A

Lee el texto y piensa como lo explicarías oralmente, en un registro informal. Tu compañero te va a hacer preguntas. Respóndele sin mirar el texto.

LOS VAQUEROS El tejido que sin duda mayor éxito ha tenido en la historia de la Humanidad se llama "denim" (de la expresión francesa *serge de Nîmes*). Se trata de un tejido denso de algodón fuerte y grueso. A mediados del s. XIX era utilizado casi exclusivamente para la confección de tiendas de campaña de los mineros que llegaban a California atraídos por la "fiebre del oro". Un inmigrante de origen alemán, llamado Levi Strauss, diseñó con él un pantalón para dichos mineros, que precisaban prendas muy resisitentes y de costuras reforzadas. En 1853 creó la Levi Strauss & Co. para su fabricación y, hacia 1870, empezó a difundirse, por su gran resistencia, entre los vaqueros del Oeste americano, lo que originó la denominación 'vaqueros'. Su expansión mundial tuvo lugar en la década de los 50, de manos del *rock & roll* y de la imagen de actores como James Dean y Marlon Brando. En la actualidad es usado por cientos de millones de personas, prácticamente en todo el mundo y de todas las edades. Tanto es así, que su fabricación constituye un importante sector industrial.

ALUMNO B

Trata de contestar a estas preguntas sobre los 'vaqueros':
– ¿Cuándo y dónde empezaron a utilizarse?
– ¿Cuál fue la primera marca de vaqueros?
– ¿En qué época se pusieron de moda?

Ahora, haz estas y otras preguntas a tu compañero, que tiene mucha información.

5 Tres bebidas de América: el café de Colombia, el vino chileno y el mate

Un especialista ha intervenido en un congreso para presentar las características esenciales de una bebida muy popular en Argentina. Escucha, toma notas y, luego, en grupos:

- haced una lista ordenada de los temas de los que ha hablado el especialista del producto y seleccionad las palabras clave de su conferencia;
- tratad de reconstruir su parlamento de la forma más fiel posible.

CONFERENCIA SOBRE

yerba mate

PALABRAS IMPORTANTES

Los vinos chilenos poseen una larga historia. Las primeras vides llegaron junto con los españoles por el año 1541. Un segundo hito importante da comienzo en el año 1850, fecha en que se transportan cepas de calidad directamente desde Francia. Chile tuvo la suerte de no quedar afectado por la filoxera, lo cual contribuyó a continuar la expansión de su naciente industria vitivinícola. A partir de mediados de los años 80, este país inicia una estrategia exportadora de gran envergadura, lo que le ha permitido estar hoy entre los grandes países exportadores de vino del mundo.

Los árabes fueron los primeros en preparar una bebida con los granos de café, y su auge se produjo como consecuencia de la prohibición expresa por parte del Islam de beber bebidas alcohólicas. Las primeras noticias que tenemos del café en Europa nos vienen de Venecia en 1585, a través de relatos acerca de los turcos que "bebían determinada agua limpia tan caliente como podían resistir, a partir de la infusión de una baya llamada cavé, a la que se atribuía la propiedad de estimular el ánimo y el vigor del género humano". En 1645 se abrió en esta ciudad la primera cafetería.

Por ser una bebida sana, estimulante y de un sabor inigualable, el mate es consumido por millones de sudamericanos. Agradable a toda hora, es para América del Sur el equivalente al café en los Estados Unidos o al té en Gran Bretaña y en China.

6 Vuestro producto

Vais a preparar, en grupos, pequeñas conferencias sobre productos que conozcáis y que consideréis interesantes. Imaginaremos que un grupo inversor extranjero debe decidir cuál de los productos presentados merece ser promocionado en los países de habla española y recibir inversiones.

A — TODA LA CLASE

1. Cada uno elige un producto. Podéis proponer cualquiera que os interese: la pasta, los quesos o una bebida de vuestra región...
2. Busca compañeros que quieran trabajar sobre el mismo producto que tú.

B — LOS DISTINTOS GRUPOS

RECOPILAR INFORMACIÓN

1. En una "tormenta de ideas" reuniréis toda la información que tiene el grupo sobre el tema.
2. Si os falta información más concreta, podéis buscarla en casa, en la biblioteca, o en internet.
3. Tenéis que confeccionar una lista de palabras clave sobre el tema.

PREPARAR LA CONFERENCIA

4. Hay que preparar un guión de la conferencia: cómo introducir el tema, anunciar los subapartados, pensar en qué conclusiones queréis sacar...
Podéis hablar un poco de la historia del producto, de su proceso de elaboración y de sus cualidades e importancia.

C — DE NUEVO, TODA LA CLASE

1. Un representante –o varios– de cada grupo, expondrá la conferencia al resto de la clase. Adjuntará una lista del vocabulario clave (en la pizarra, en fotocopias o en una transparencia).
2. Los demás deberán tomar notas para, luego, preguntar lo que no quede claro.
3. Entre todos decidiremos cuál es el producto que ha sido mejor presentado.

OS SERÁ ÚTIL...

Vamos a tratar de explicarles...

También haremos un breve repaso de...

Muchos de Uds. seguramente sabrán...

¿Qué otras cosas podemos decir de...? Pues que...

Para terminar/Por último, solo nos queda decir que...

- *¿Tienen alguna pregunta?*
- *Yo quería preguntar si...*
  qué...
  cómo...
  ...

COMER DE PIE

Las pizzas, las arepas, los perritos calientes, los tacos, las hamburguesas...Todas las sociedades elaboran alguna manera de comer rápido, de pie y por poco dinero. Es por ello por lo que las multinacionales de la hamburguesa han encontrado en los países hispanohablantes algunos respetables y tradicionales competidores. En concreto, en España, los bocadillos, que se elaboran con pan y cualquier otro ingrediente (calamares, pimientos, huevo, pollo, embutidos, atún, o cualquier otra cosa). Los españoles consumen en muchos momentos del día –si hay prisa o incluso sin ella– todo tipo de producto entre dos trozos de pan. Fríos o calientes, en una elegante cafetería o en el campo, en el colegio o en la fábrica, el bocadillo soluciona a todos los españoles tanto un tentempié como una comida apresurada.

Algo parecido sucede con las arepas venezolanas: blancas o amarillas, las arepas siempre han sido el desayuno o la cena perfecta para muchos venezolanos. La arepa ya era consumida por los indígenas, y su nombre procede del artefacto primitivo que era utilizado para su elaboración, "el aripo".

Los ingredientes básicos que se utilizan para preparar las arepas son harina, sal y agua, pero en cada región de Venezuela se preparan de modo distinto. En los Andes, por ejemplo, se elaboran con harina de trigo, papelón, mantequilla y huevo, y se denominan "telitas andinas". También son típicas las exquisitas arepitas de anís y papelón, y las arepas fritas del oriente del país.

La mantequilla o la margarina son las compañeras inseparables de la arepa, la cual, combinada con jamón, queso blanco o amarillo, atún, pollo, salchichas, caraotas (judías verdes) o huevos, ha adquirido los más curiosos nombres, como por ejemplo:

- "Dominó": arepa rellena de caraotas y queso blanco rallado.
- "Reina pepiada": arepa rellena con ensalada de gallina y aguacate.
- "Tumbarancho": arepa frita rellena con mortadela y queso, previamente rebozada en huevo.

BOCADILLOS

CLÁSICOS

Ibérico: jamón ibérico

Mediterráneo: atún, pimientos y aceitunas, con tomate untado

Tortilla: tortilla de patatas y cebolla

Calamares: calamares a la romana

INTEGRALES

Granjero: pechuga de pavo, lechuga, tomate, huevo duro, pepinillos y salsa especial

Griego: queso fresco, tomate, aceitunas negras y orégano

CALIENTES HECHOS AL MOMENTO

Súper Mallorca: sobrasada, jamón ibérico y queso

Mixto: jamón york y queso

PLANCHA

Con ingredientes recién hechos a la plancha

Serranito: lomo, jamón serrar y pimientos verdes fritos

Lomo con queso: lomo con queso gruyère

MENÚ INFANTIL minibocadillo, patatas fritas, refresco y reg

7 **¿Y en tu país? ¿Se come en la calle en tu país? Reflexiona un poco sobre las siguientes preguntas:**

¿Quién come de pie? ¿Todo el mundo?
¿En qué circunstancias? ¿A qué hora?
¿En qué tipo de lugares?
¿Qué se come?
¿Qué no se comería nunca de pie?

8 **Imagina que la empresa a la que se refiere el periódico tiene la intención de instalarse en tu país. ¿Invertirías en esa compañía? ¿Tendría éxito? ¿Por qué?**

EL FINANCIERO

7 de mayo

LA EMPRESA QUE SE COME EL MERCADO DE LOS BOCADILLOS

Pans & Company, la cadena española de venta de bocadillos, ha tenido un crecimiento explosivo desde su creación, en 1991. Está muy bien asentada en el mercado español, se ha propuesto la conquista de mercados internacionales, y estudia entrar en el negocio de venta de bocadillos a domicilio.

Isabel Millán/Madrid

A pesar de la gran implantación de empresas multinacionales, el éxito ha sido espectacular: tanto es así, que cada año se han abierto 30 nuevos restaurantes, y hoy es el líder en el sector llamado de *bocadillería,* y uno de los primeros en el de comida rápida. *Pans & Company* posee locales, tanto en propiedad, como en franquicias.

El secreto de su éxito es sencillo: aplicar los modelos de marketing de las cadenas estadounidenses de comida rápida a una oferta de productos mucho más próxima al cliente.

"Nosotros ofrecemos productos más mediterráneos, más nuestros, sanos, con poca grasa, con el pan untado con tomate, (una práctica esencialmente catalana), en un ambiente agradable", afirma uno de los directivos del grupo. Posee, por tanto, un buen producto, una buena imagen y establecimientos bien situados. Es decir, las mejores condiciones para competir con fuerza con las grandes multinacionales de la hamburguesa.

Es una compañía familiar, dirigida ya por tres generaciones de empresarios. El antiguo patriarca de los Carulla, Lluís Carulla, creó *Gallina Blanca* en 1937, y en 1953 lanzó al mercado el popular *Avecrem* (pastillas de concentrado caldo de carne), producto que tuvo un éxito rotundo y que se consume desde hace décadas en los hogares españoles. El hijo mayor del fundador, Lluís Carulla Font, es el presidente del grupo desde la muerte de su padre y ha dedicado los últimos años a dar a la empresa una estructura de holding, capaz de mantenerse en el complejo pero creciente mercado de la comida rápida.

9

Vamos a escribir un correo electrónico a alguien que quiere visitar nuestro país.

Para ello aprenderemos:

- ✔ a aproximarnos a diferentes costumbres y prácticas sociales para entenderlas mejor,
- ✔ a aconsejar y a hacer recomendaciones,
- ✔ uso de los pronombres **se le...**,
- ✔ a expresar opinión con **creo que** / **no creo que**,
- ✔ expresiones de deseo,
- ✔ marcadores de oposición **no es que... sino que...**

gente y culturas

1 Distintas formas de vivir la fiesta

A través de las fiestas y de otras formas de pasarlo bien podremos conocer mejor una cultura, una sociedad.

ta Encuesta Encuesta Encuesta Encuesta Encuesta Encuesta Encuesta

9 de agosto de

Huesca en fiestas

Nuestros conciudadanos de todas las edades viven las fiestas de San Lorenzo, cada uno a su manera, pero todos intensamente. Ellos son los auténticos protagonistas de unos días que esperamos durante todo un año para disfrutar de la fiesta, las tradiciones, los espectáculos, la compañía de amigos y de familiares. Estas son algunas de las respuestas que hemos recogido al realizar una encuesta a la gente de la calle.

DIT, estudiante

Lo que más me gusta son los conciertos, los dan-ntes y las vaquillas. En las vaquillas me lo paso y bien, viendo cómo pillan a la gente.

No, la gente de mi edad no tiene muchas cosas e hacer. Y, además, todos los años es lo mismo. Tendrían que organizar más cosas, y cada año hacer algo diferente.

JULIÁN, jubilado

1- Los toros, las vaquillas, los danzantes, y las jotas, en el parque. Siempre hemos ido mi mujer y yo a ver las jotas.

2- Sí, hay muchos actos. Además, a mi edad, tampoco se puede abusar: un paseo por la tarde, bailar un poco en alguna verbena si se puede, y prontico a casa.

JUAN CARLOS, taxista

1- Me gustan mucho las jotas cuando las cantan y las bailan en el parque. Me gusta ver que viene mucha gente de fuera y que la ciudad tiene mucho ambiente. Las corridas de toros también me gustan mucho, pero vamos poco porque a mi mujer no le gustan.

2- Hay muchas cosas, pero una cosa echo en falta: las verbenas. Ahora hay muchos conciertos de música moderna, con conjuntos de rock. Pero a mí me gusta también la música romántica, de siempre, con orquesta y baile lento, "agarrao".

ANTONIETA, ama de casa

1- A mí, lo que más me gusta son los castillos de fuegos artificiales y el desfile de carrozas. Y la música de los jóvenes de ahora, también me gusta. Cómo visten y cómo bailan, no; pero la música sí. Desde el balcón de casa se oyen muy bien los conciertos, me acuerdo de cuando vinieron los "Héroes del Silencio", que teníamos el balcón lleno de amigos. Y para los fuegos, igual, todos los años viene mucha gente.

2- Bueno, siempre hay más cosas para la gente joven que para nosotros. Pero con las que tenemos, también sabemos divertirnos. Si acaso, más verbenas con la música de siempre.

Actividades

A Haz una lista de las fiestas o celebraciones en las que has participado en los tres últimos años. Por ejemplo:

- una boda
- la fiesta de tu localidad
- una inaguración de piso
- ...

¿En cuáles de esas fiestas hubo algunas de estas cosas?

- Un banquete
- Un discurso
- Un regalo
- Un grupo de música
- ...
- Un brindis
- Un baile
- Un fotógrafo
- Un juego

¿En cuál de ellas lo pasaste mejor? ¿En cuál peor? ¿Por qué? Cuéntaselo a tus compañeros.

B Escucha estas dos conversaciones de personas que han estado en distintas fiestas y di qué les ha llamado más la atención.

C Lee el texto "Huesca en fiestas". Seguro que en él encuentras referencias a costumbres que no conoces. Señálalas y coméntalas con un compañero. Quizá él sepa a qué se refieren. Si no, pensad qué le preguntaríais a una persona de Huesca para aclarar vuestras dudas.

- ¿A qué se refiere cuando dice "agarrao"?
- Yo creo que es bailar muy juntos, en pareja, ¿no?

D Ahora escucha a los encuestados del texto anterior, e identifica quién habla en cada caso.

1. Judit 2. Julián
3. Antonieta 4. Juan Carlos

2 Tenemos invitados

Reflexionar sobre nuestra cultura puede ayudarnos a entender mejor otras. Imagina que unos amigos extranjeros van unos días a tu localidad. Contesta las siguientes pregutas sobre las cosas que sueles hacer:

– ¿Los vas a recoger al aeropuerto/a la estación o no?
– ¿Los alojas en tu casa o van a un hotel?
– ¿Esperas que te traigan algún regalo o no?
– ¿Preparas un programa de actividades para ellos, o improvisáis juntos, cuando lleguen?
– ¿Cocinas para ellos o les llevas a un restaurante?
– Si vais a un restaurante, ¿invitas o te invitan?
– ¿Crees que debes pasar todo el tiempo con ellos o a ratos les dejas solos?
– Otros temas.

Ahora, compara tus respuestas con las de dos compañeros. ¿Coincidís? ¿Creéis que se pueden sacar reglas generales de comportamiento?

● Yo siempre voy a buscarlos al aeropuerto.
○ Pues depende. Si hay confianza...

3 ¿Qué te sorprende?

Escucha varias conversaciones y trata de descubrir las costumbres y los valores que se reflejan en ellas. Luego las comentaremos con el resto de la clase.

● A mí me da la impresión de que los españoles se tutean enseguida. Es su manera de crear una atmósfera más informal.

HÁBITOS Y COSTUMBRES

Personales.

Yo siempre **paso** las tardes/fiestas/vacaciones...
... con mis amigos/**en** casa de mi familia.
... saliendo mucho por la noche.
... sin parar de bailar.

Normalmente salgo con mis amigos.

Una cosa **que no me pierdo nunca...**
... es la inaguración.
... son los fuegos artificiales.

Colectivos.

Lo más normal es / **La gente suele** — sentarse en una terraza.

Aquí/En mi país — **se come/se sale** mucho. / **solemos** comer en familia.

MANIFESTAR SORPRESA

Aquí **me llama mucho la atención...**
Te llevas una sorpresa al descubrir...

A mí, me { **parece curioso** / **resulta extraño** / **extraña** } **el modo de cantar.** / **que no bailen ellos.**

COMPARAR Y CONTRASTAR USOS Y COSTUMBRES

En España se come a las dos, **mientras que allí** se come a las doce.
Aquí se bebe café. **En cambio en Argentina** se bebe mate.

Las bodas **de aquí y las de mi país...**
... no se pueden comparar.
... no tienen nada que ver.
... no se parecen en nada.
... tienen mucho en común.

DAR RECOMENDACIONES Y ADVERTENCIAS

Sobre todo — **nunca digas/hagas** eso, / **no se te ocurra hacer/decir** eso,...
... se considera una falta de educación.
... está muy mal visto.

Si haces eso, **puedes** { **quedar** muy **mal.** / **parecer** { **un maleducado.** / **un grosero.** } }

GUSTOS Y PREFERENCIAS

Lo que más me gusta es...
... **salir con** los amigos.
... **quedarme en** casa leyendo.
... **ir de** vinos/tapas/copas.
... **ir a** los toros/**al** cine/**al** teatro.

A **mí,** esos espectáculos...

{ **me resultan** / **suelen resultarme** / **me parecen** } { un poco / muy / demasiado } { aburridos. / raros. / extraños. / pesados. }

Yo, es que (no) **soy** muy **aficionado a...** / **partidario de...**
...ese tipo de espectáculos.

DESHACER MALENTENDIDOS O PREVENIRLOS

No creas que..., / **No vayas a pensar que...,** **lo que pasa es que...**

No es que { no **invite,** / **sea** raro, } { **es que** / **sino que** } { es especial.

EXPRESAR DESEOS

Que te/os vaya bien.
Que lo pases/paséis bien.
Que te diviertas/os divirtáis.

FELICITAR

¡Felicidades!
¡Enhorabuena!
¡Feliz cumpleaños! / ¡Que cumplas muchos más!
¡Felices fiestas!

Consultorio gramatical, páginas 156 a 161.

4 El manual del perfecto impresentable

En grupos, vamos a elaborar una serie de recomendaciones sobre cómo debe comportarse en casa de un amigo un invitado 'impresentable'.

Sobre todo, hay que actuar como si estuvieras en tu propia casa. Por ejemplo, si tienes sueño, está muy bien visto ponerse a dormir a cualquier hora.

¿Qué grupo ha recomendado las actitudes más 'impresentables'?

5 Divertirse y aburrirse

En pequeños grupos, poneos de acuerdo para puntuar las siguientes diversiones del 0 (nunca irías) al 3 (favorita). Tenéis que razonar vuestros gustos y preferencias:

- ☐ una cena el fin de semana con los compañeros de la empresa o de la escuela,
- ☐ un espectáculo de circo,
- ☐ un día en un parque temático (Disneyworld, Port Aventura...),
- ☐ una despedida de soltero/a,
- ☐ la boda de tu mejor amigo/a,
- ☐ una visita en grupo a un museo,
- ☐ una fiesta de Carnaval,
- ☐ ...

Cada uno de vosotros añade una que personalmente puntuaría con 3 y otra, con 0. Después, entre todos, acordaréis la puntuación de estas diversiones.

- *Yo, es que no soy muy partidario de ir a cenas de esas.*
- *A mí también me resultan muy aburridas.*
- *Pues yo lo paso muy bien, ¿vosotros no?*

6 Que lo paséis bien

Escucha las siguientes grabaciones y relaciónalas con estas felicitaciones:

7 ¿Problemas en Madrid?

Violeta y Salvador son dos farmacéuticos que han ido a Madrid para asistir a un congreso internacional. Llegaron anteayer y es la primera vez que están en España. Aquí tienes parte de un correo electrónico que han enviado a su país. ¿Qué cosas te sorprenderían a ti? ¿Qué cosas te parecen normales?

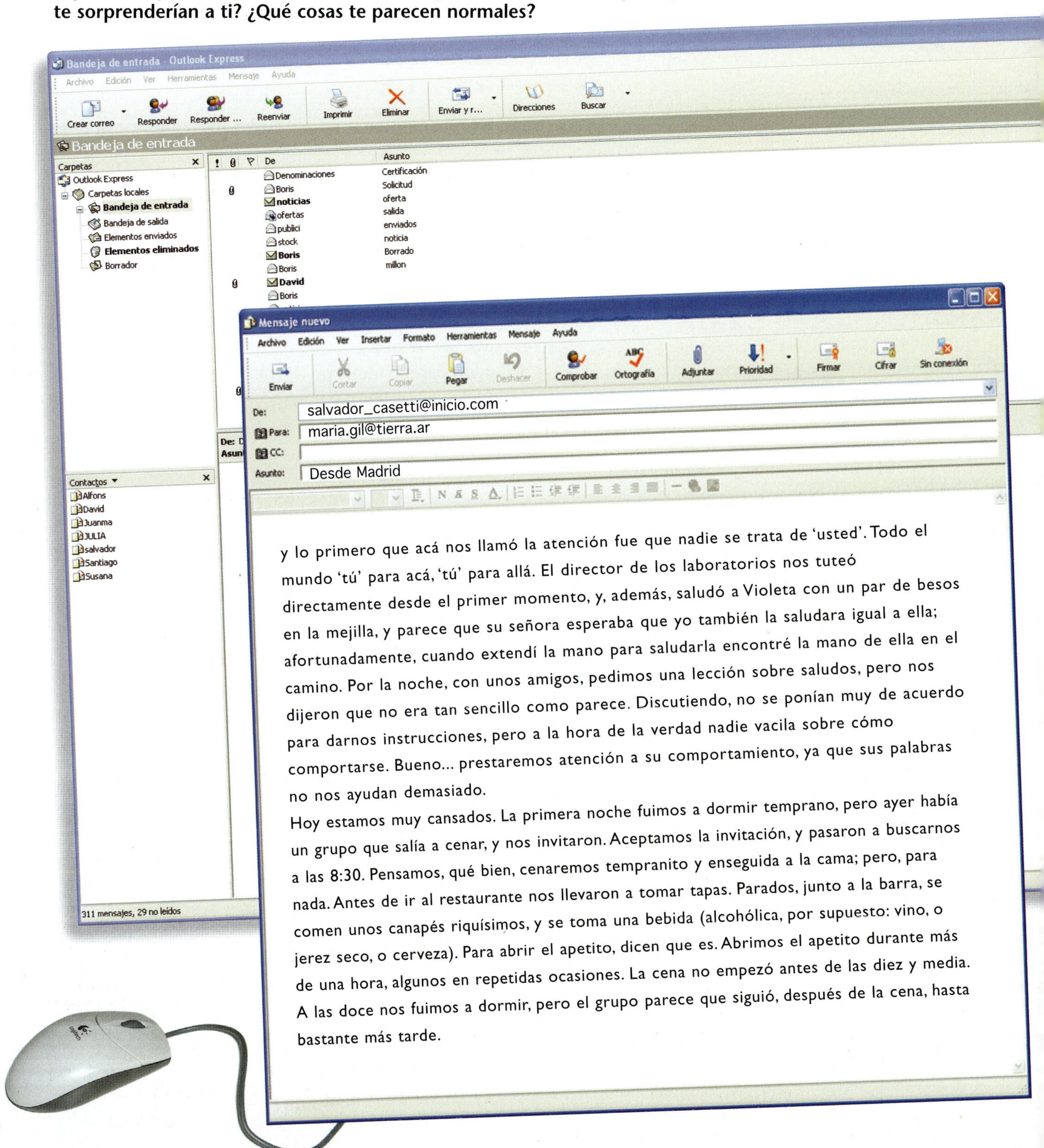

De: salvador_casetti@inicio.com

Para: maria.gil@tierra.ar

CC:

Asunto: Desde Madrid

y lo primero que acá nos llamó la atención fue que nadie se trata de 'usted'. Todo el mundo 'tú' para acá, 'tú' para allá. El director de los laboratorios nos tuteó directamente desde el primer momento, y, además, saludó a Violeta con un par de besos en la mejilla, y parece que su señora esperaba que yo también la saludara igual a ella; afortunadamente, cuando extendí la mano para saludarla encontré la mano de ella en el camino. Por la noche, con unos amigos, pedimos una lección sobre saludos, pero nos dijeron que no era tan sencillo como parece. Discutiendo, no se ponían muy de acuerdo para darnos instrucciones, pero a la hora de la verdad nadie vacila sobre cómo comportarse. Bueno... prestaremos atención a su comportamiento, ya que sus palabras no nos ayudan demasiado.

Hoy estamos muy cansados. La primera noche fuimos a dormir temprano, pero ayer había un grupo que salía a cenar, y nos invitaron. Aceptamos la invitación, y pasaron a buscarnos a las 8:30. Pensamos, qué bien, cenaremos tempranito y enseguida a la cama; pero, para nada. Antes de ir al restaurante nos llevaron a tomar tapas. Parados, junto a la barra, se comen unos canapés riquísimos, y se toma una bebida (alcohólica, por supuesto: vino, o jerez seco, o cerveza). Para abrir el apetito, dicen que es. Abrimos el apetito durante más de una hora, algunos en repetidas ocasiones. La cena no empezó antes de las diez y media. A las doce nos fuimos a dormir, pero el grupo parece que siguió, después de la cena, hasta bastante más tarde.

8 Más sorpresas y algunos malentendidos

Escucha ahora estas conversaciones. Tratan de experiencias parecidas a las de Violeta y Salvador. ¿Qué les ha pasado? ¿Dónde están? Anótalo:

	Lugar	Experiencia
Audio 1	______________________	______________________
Audio 2	______________________	______________________

9 Nuestro correo electrónico

Entre toda la clase completaremos el siguiente correo para alguien que va a visitar nuestro país.

Estimados _____________:

¡Qué alegría, saber que venís a ___________! Estamos ya haciendo un montón de planes para esos días.
Como es la primera vez que vais a visitar nuestro país, queremos poneros al corriente de algunas cosas que pueden resultaros interesantes.

Bueno, por hoy nada más. No olvidéis decirnos el día y la hora exactos de vuestra llegada, para ir a recogeros al aeropuerto.
Esperamos vuestras noticias; entretanto, recibid un abrazo.

OS SERÁ ÚTIL...

Para introducir información.

Te interesará / conviene saber que...
Ten en cuenta que...

Para pasar de un tema a otro.

Con respecto a...
Otro aspecto importante es...

Para enlazar dos temas con un punto en común.

Eso vale también para...
Igual sucede con...

Para introducir un nuevo tema en contraste con el anterior.

En cambio, si se trata de...

1 Lee el correo electrónico de la página 78 y luego, entre toda la clase, tratad de imaginar el contexto: quién escribe a quién, de qué ciudad a qué ciudad, etc.

2 Hablad también de los temas que vais a tratar en el correo, y de lo que vais a decir sobre cada uno de esos temas: información útil para los que visiten la ciudad, consejos y recomendaciones, etc.

3 Después, dividid la clase en grupos: cada grupo se encargará de uno de los temas, y redactará un fragmento sobre el mismo (uno o dos párrafos de unas diez líneas en total).

4 Una vez redactado, tenéis que hacer tres copias del fragmento en hojas separadas, y colgarlas en las paredes de la clase.

5 Por último, cada grupo selecciona dos o tres de los fragmentos producidos en clase. Con estos, y lo que queráis añadir, cada grupo redacta un texto único, relacionando adecuadamente esos fragmentos.

IGUALES PERO DIFERENTES

Afirma el filósofo español Fernando Savater que las personas tendemos a fijarnos más en lo que nos diferencia que en lo que compartimos. Así se origina lo que él llama "el narcisismo de las pequeñas diferencias", que consiste en resaltar aquellas particularidades propias que no tienen nuestros vecinos más próximos. Como consecuencia de ello, no es hacia personas lejanas y muy distintas de nosotros hacia quienes sentimos odio o rencor, sino hacia personas con las que compartimos muchas cosas: los vecinos de al lado, los habitantes del pueblo más próximo... Cuando se producen conflictos entre creyentes de dos religiones, suele suceder que estas tienen muchas cosas en común y solo algunas pequeñas diferencias. Las actitudes xenófobas hacia los inmigrantes parten muchas veces de grupos sociales que también llegaron como inmigrantes al mismo lugar cincuenta o cien años antes.

Opina Savater que, en realidad, ninguna diferencia entre humanos puede servir de base al establecimiento de jerarquías sociales, exclusiones, *apartheids*, etcétera. En efecto, por grandes que puedan parecer las diferencias (raciales, étnicas o de cualquier otro tipo) que se dan entre grupos humanos, siempre serán muchísimo mayores las semejanzas. Si nos fijamos más en aquellas diferencias, caemos en el "narcisismo de la pequeña diferencia" y correremos el riesgo de sufrir sus fatales consecuencias.

Podemos extender las ideas de Savater a la situación de aprendizaje de una nueva lengua: al entrar en contacto con la sociedad que la habla, al visitar un país que no es el nuestro, al conocer nuevos usos y costumbres sociales, el inevitable efecto sorpresa que experimentamos puede hacernos caer en ese mismo narcisismo. Una mirada atenta a la realidad nos hará descubrir cuánto es lo que compartimos y relativizar las diferencias. Las pequeñas diferencias.

10 ¿Estás de acuerdo con las opiniones de Fernando Savater? Piensa qué valores crees que compartes con otras culturas.

11 Pon título a los testimonios de estas personas. ¿Alguien en tu clase ha vivido en el extranjero? ¿Cómo fue su experiencia?

"Mi primer año en España"

"Después de los Juegos de Atlanta de 1996 me tomé un respiro con mis padres en Torremolinos. En el hotel conocí a Francis. Él no sabía que yo era nadadora profesional, y nuestras charlas eran muy variadas. Aunque encuentro mucha diferencia entre este país y el mío, quiero pasar con mi marido el resto de mi vida, así que, si él se queda, yo me quedo".

Nina Zavanevskaya.
Rusia. Deportista de élite. Llegó en 1997.

"En el año 1958 vine a la Costa del Sol de vacaciones, pero hasta 1972 no me instalé definitivamente. Quiero morir aquí. En España lo he pasado bomba y me siento afortunada por tener viejos amigos en un país extranjero".

Gunilla Santesson.
Suecia. Empresaria. Llegó en 1972.

"Aquí encontré la sorpresa de aprender un idioma dentro de mi idioma. Y me asombró el sentido del humor. Al final descubrí que el cachondeo general de este país es la esencia de mi alma. También me asombra vivir en un verdadero ejercicio democrático".

Boris Izaguirre.
Venezuela. Showman. Vino en 1992.

"Me he dado cuenta de que aquí se puede tener lavaplatos, una casa bonita..., pero se vive para trabajar y pagar letras, mientras que en mi país se fomentan más las relaciones humanas. Es muy dura la adaptación, no sé si lo conseguiré. Mi sueño es volver a Cuba con mi marido. A lo mejor lo hacemos un día.

Greisy Sivila Vera,
Cuba. 24 años. Peluquera. Llegó en 2000.

"El primer año me acordaba mucho de mi casa y de mis amigas, hasta que conocí a María, Sara y Rocío, que me enseñaron a contestar mal a la gente que se metía conmigo. Recuerdo mi primer día de clase: estaba asustadísima porque casi no entendía el idioma y no conocía a nadie; además había niños que no me miraban con buenos ojos. Ahora tengo mi pandilla y me gusta estar aquí, aunque me acuerdo mucho de mi país".

Hanan Hadad.
Marruecos. 16 años. Estudiante. Llegó en 1995.

"Durante mi primer año fui 'inadvertidamente feliz', como dice Benedetti: pasó con rapidez, terminé el máster y regresé a Costa Rica con morriña por España. Así que al poco tiempo volví con la firme convicción de hacer vida aquí. Al despedirme, mi abuela me dio un único consejo: 'Si puedes, quedarte, quédate. Uno siempre tiene que estar donde mejor le brilla el sol'. Y le hice caso".

Guillermo Méndez Sandi.
Costa Rica. 34 años. Universitario con beca de estudios. Llegó en 1994.

"El primer año transcurrió en un suspiro, recordando lo dejado y descubriendo lo nuevo, pero sin la suficiente objetividad para comprender lo que me estaba ocurriendo. Han tenido que pasar todos estos años para hacer una verdadera lectura de la ruptura con la que se enfrenta todo inmigrante, sea político o económico, respecto a lo que pudo ser y ha sido su vida. He tenido una hija en Madrid. Me he ido quedando en España, pero no sé si lo he elegido yo o si las circunstancias lo han hecho por mí".

Susana Frigerio.
Argentina. 49 años. Llegó en 1978.

▲ Susana Moreno, "Mi primer año en España". *El País Semanal*, 10 de diciembre de 2000

Vamos a elaborar un cuestionario sobre la personalidad de los compañeros.

Para ello aprenderemos:

- a plantear situaciones imaginarias y posibles reacciones,
- Pluscuamperfecto de Subjuntivo,
- construcciones condicionales con Condicional compuesto,
- discurso referido,
- **como si... fuera / hubiera visto...,**
- circunstancias temporales **justo al regresar / estar a punto de...**

1 Otro tipo de inteligencia

LA INTELIGENCIA emocional

Normalmente se habla de la mente, pero en realidad todos tenemos dos formas básicas de conocimiento que, unidas, componen nuestra vida mental: una mente que piensa, racional y reflexiva, y otra que siente, emocional e impulsiva. Puesto que las emociones son esenciales para el pensamiento y viceversa, la mayor parte de las veces las dos mentes actúan en colaboración, combinando sus distintas formas de conocimiento.

Hasta los años 80, la mayor parte de las investigaciones realizadas sobre la inteligencia se centraban en la mente racional. Hoy en día, sin embargo, la inteligencia emocional es también objeto de numerosos estudios. Ya nadie duda de que las personas que controlan adecuadamente sus emociones, que saben interpretar los sentimientos de los demás y relacionarse eficazmente con éstos, disfrutan más de la vida y suelen sentirse más satisfechas.

Las cinco competencias principales de la inteligencia emocional son:

1 EL AUTOCONOCIMIENTO

Capacidad de reconocer las propias emociones

Conocerse a sí mismo, es decir, ser capaz de reconocer una emoción en el mismo instante en que aparece, es el rasgo esencial de la inteligencia emocional. Las personas que son conscientes de sus emociones suelen dirigir mejor su vida y tomar decisiones con más seguridad.

2 LA SERENIDAD

Capacidad de controlar las emociones

La vida está llena de altibajos, pero todos debemos aprender a mantener el equilibrio, a tranquilizarnos a nosotros mismos, a controlar la ansiedad, el miedo, la tristeza y las manifestaciones exageradas de irritabilidad. Las personas que lo consiguen se recuperan mucho más rápidamente de las adversidades y de los contratiempos de la vida.

3 LA MOTIVACIÓN

Capacidad de motivarse uno mismo

Hay que ser capaz de motivarse uno mismo, de llegar a entusiasmarse por las cosas, aunque sean pequeños detalles de la vida cotidiana, y afrontar la vida con confianza y perseverancia. Es importante vivir con una cierta dosis de optimismo.

4 LA EMPATÍA

Capacidad de reconocer las emociones ajenas

La empatía es fundamental en las relaciones personales porque nos permite ponernos en el lugar de los demás, saber lo que sienten e incluso llegar a sentir lo mismo que ellos. A las personas empáticas no les cuesta mucho esfuerzo escuchar a los demás, son comprensivas y suelen conectar muy bien con quienes les rodean.

5 LA SINTONÍA

Capacidad para relacionarse

Hay personas que son capaces de calmar la inquietud de los demás y, en situaciones de tensión, dirigir las emociones por vías más positivas. Suelen ser buenos mediadores en conflictos, tienen facilidad para colaborar con los demás y saben crear una buena dinámica en el trabajo en equipo.

gente y emociones

La inteligencia emocional es, en la actualidad, una de las facultades más valoradas en el campo profesional. Las personas que la poseen consiguen coordinar eficazmente sus esfuerzos en el trabajo en equipo; son las mejores en lograr el consenso, son capaces de ver las cosas desde la perspectiva de los demás, son persuasivas y promueven la cooperación, al tiempo que evitan los conflictos. Además, toman iniciativas y disponen del autocontrol necesario para organizar su tiempo y su trabajo.

En conclusión, la inteligencia emocional influye profundamente sobre todas nuestras otras facultades.

Información basada en el libro de DANIEL GOLEMAN, *Inteligencia Emocional*

Actividades

A Según el texto, la inteligencia emocional se basa en cinco capacidades fundamentales. ¿A cuál de ellas se refiere cada una de estas situaciones?

a. Paco el otro día se enfadó muchísimo, se puso a gritar y se fue de la sala dando un portazo.
b. Aurora se ha pasado todo el fin de semana con unos amigos que estaban enfadados y no se hablaban. Al final, ha conseguido que cada uno hablara de sus sentimientos y todo se ha arreglado.
c. Diego estaba fatal el otro día, nos quedamos hablando en su casa hasta las tres de la mañana y me contó todo lo que le pasaba.
d. Carolina está pasando una mala época, pero lo peor es que ni ella misma sabe qué le pasa.
e. Javier quiere aprender a tocar el violín, y también ha empezado una nueva colección de minerales. Además, parece empeñado en cambiar la decoración de toda la casa, y le hace una ilusión tremenda ir a México en verano.

B De las siguientes cualidades, ¿cuáles crees que tienen relación con la inteligencia emocional? Relaciónalas con las capacidades a las que se refiere el texto y añade otras.

	autoconocimiento	serenidad	motivación	empatía	sintonía
la curiosidad					
la sinceridad					
la ternura					
la sensibilidad					
la constancia					
el sentido del humor					
la generosidad					
la intuición					
la valentía					
...					

Compara tus puntos de vista con los de un compañero y coméntadlos.

- *Yo creo que la curiosidad no tiene relación con la inteligencia emocional.*
- *Pues, para mí, una persona curiosa tendrá más capacidad para motivarse que otra...*

C Una persona ha reflejado en un gráfico las capacidades de la inteligencia emocional que le gustaría tener y en qué proporción. ¿Qué te parecen?

Dibuja la tuya en el segundo diagrama. Coméntalo con tu compañero y razona el porqué de tu decisión.

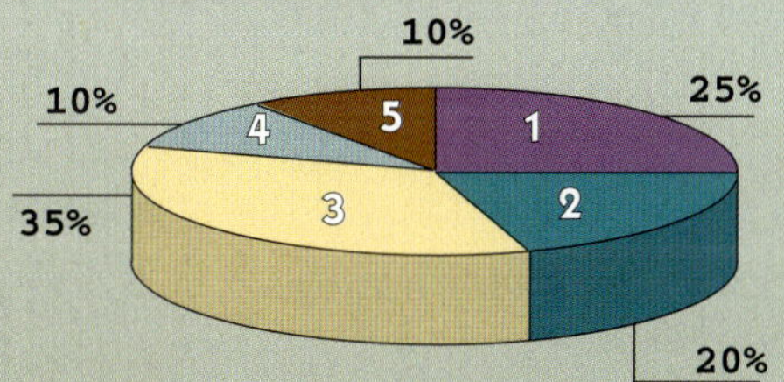

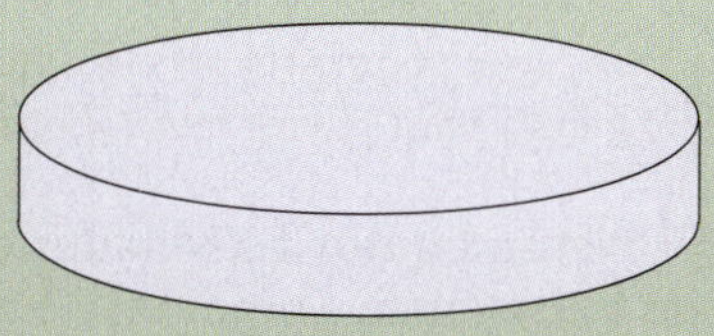

2 ¿Qué harías si...?

Lupe y Gabriel últimamente se han encontrado en situaciones especiales.

LUPE

- Al llegar al trabajo se encontró un enorme ramo de flores en su mesa con una tarjeta firmada por su peor enemigo.
- Su pareja ha conseguido un trabajo a 5000 Km de distancia y quiere que Lupe vaya, también, con ella a vivir allí.
- Fue a una fiesta a casa de un amigo y se encontró a su ex novio.
- Una amiga le ha pedido opinión sobre su nuevo corte de pelo (que es horrible).
- El jefe le ha comunicado que le va a bajar el sueldo porque lleva una temporada trabajando muy mal.

GABRIEL

- Su pareja ha invitado a pasar todo el fin de semana a unos amigos que le caen fatal.
- En un tren un desconocido le ha contado su vida íntima.
- Pedro, su mejor amigo, no apareció el jueves en el concierto. Gabriel ya había comprado las entradas.
- Su jefa le pidió información sobre la vida privada de un compañero.
- Su compañero de piso ha usado el ordenador y le ha borrado todos sus archivos.

Plantea estas situaciones a un compañero para saber cómo reaccionaría él. ¿Coincidís en alguna de las reacciones?

- ¿Y tú qué harías si te encontraras a un ex novio en una fiesta?
- No sé, depende de la relación que tuviera con él...

¿Y tú?, ¿te has encontrado alguna vez en una situación incómoda o extraña? Cuéntaselo a tu compañero.

3 Inteligencia múltiple

Además de la habilidad emocional, los investigadores han descrito hasta siete tipos de facultades:

espacial · matemática · creativa · verbal · sensorial · corporal · lógica · memorística

¿Qué tipo de facultad crees que tienen o les falta a estas personas?

1- Paco: No tiene oído, es incapaz de distinguir una música de otra. Se le da muy bien dibujar, sobre todo el dibujo lineal.
2- Teresa: Es capaz de recordar todos los teléfonos de sus amigos. En cuestiones de cálculo, es una negada.
3- Fina: Tiene una facilidad increíble para la filosofía. Es un poco torpe en todo lo manual.
4- Jaime: Es muy bueno inventando cuentos y juegos para los niños. Baila muy bien. Tiene una habilidad especial para el ritmo.

- Paco tiene poca inteligencia sensorial, en cambio, parece que tiene facilidad para cosas relacionadas con el espacio.

¿Y tú? Piensa en dos actividades que se te den bien y en otras dos que se te den mal. Coméntaselo a tus compañeros.

A mí se me da bien la cocina, sin embargo, se me da fatal el baile.

PLUSCUAMPERFECTO DE SUBJUNTIVO

hubiera		
hubieras		hablado
hubiera	+	conocido
hubiéramos		ido
hubierais		hecho
hubieran		

CONDICIONAL COMPUESTO

habría		
habrías		aconsejado
habría	+	parecido
habríamos		sido
habríais		visto
habrían		

SITUACIONES HIPOTÉTICAS

Imagínate que vas en un tren y un desconocido **te cuenta** su vida íntima, **¿qué haces?**
¿Qué harías si un desconocido en un tren **te contara** su vida íntima?

En el pasado.

- ¿Qué **habrías / hubieras hecho si** no te **hubiera llamado?**
- Le **habría llamado** yo.

Si hubiera hablado con él, seguramente no se **habría/hubiera ido.**

- ¿Qué **harías si** te **hubieran invitado?**
- No **iría.**

JUICIOS SOBRE COMPORTAMIENTOS PASADOS

Tendría que haber hablado con él.
Deberías habérselo dado / dicho /...
Podrían haber ido antes.
No deberíamos haberlo hecho tan tarde.
Lo mejor habría sido hablar con él.

PETICIONES, CONSEJOS

Estilo indirecto.

- **Si** un amigo te **pidiera que fueras** a las cuatro de la madrugada a su casa porque está triste, ¿qué **harías?**

○ Le **diría** que sí / no.

Si mi mejor amigo me **hubiera pedido** consejo antes de dejar a su novia,...
... le **habría / hubiera aconsejado...**
... que se **fueran** de vacaciones juntos.

HABLAR DE HABILIDADES

Habilidades propias.

Las paellas **se me dan muy bien.**
El pastel de queso **me sale bastante bueno.**
Dicen que dibujo bien.
Juego al tenis, y **no lo hago mal del todo.**

Soy un desastre / negado para la música.
La música **se me da fatal.**

Habilidades ajenas.

Ana **es un genio para** la informática.
es muy buena en matemáticas.
tiene facilidad para la mecánica.
A Toni, los ordenadores **no se le dan muy bien.**

CIRCUNSTANCIAS TEMPORALES

¿Qué harías si, **al llegar** a casa, te encontraras todas las luces encendidas y la puerta forzada?

¿Qué harías si, **paseando** de noche por la calle, te encontraras de frente a un extraterrestre?

¿Qué harías si, **después de cerrar** la puerta de tu casa, te dieras cuenta de que te habías dejado las llaves dentro?

antes de volver...
(justo) cuando estás a punto de llegar...
cuando acabas de salir...

mientras estás andando por...

(justo) en el momento en el que cruzas...
después de entrar...

Consultorio gramatical, páginas 162 a 167.

4 Una decisión difícil

Escucha este caso que ocurrió en la empresa Gutiérrez y Asociados. ¿Cómo valoras la situación? ¿Quién crees que actuó bien? ¿Qué podrían haber hecho los diferentes protagonistas de este incidente?

- Yo creo que Ana actuó mal. Debería haber pedido dinero a algún amigo o familiar.

Si fueras Pablo, ¿qué le habrías sugerido a Ana? Completa estas frases:

Le hubiera pedido que...
Le habría recomendado que...
Le hubiera propuesto que...

5 Una cena con imprevistos

Inserta, en cada una de estas preguntas, las circunstancias que consideres adecuadas.

A ¿Qué harías si los invitados llamaran a última hora para decir que prefieren venir otro día a cenar?

B ¿Cómo reaccionarías si los invitados te dijeran que no soportan los mejillones?

C ¿Qué harías si te encontraras a los invitados esperando en la puerta de casa?

D ¿Qué harías si te dieras cuenta de que te has equivocado de día de la cena?

E ¿Cómo reaccionarías si los invitados te llamaran y te dijeran que van a venir a cenar con tres amigos más?

F ¿Qué harías si te dieras cuenta de que la lata de tomates que has utilizado para cocinar está caducada?

CIRCUNSTANCIAS

- justo cuando vas a servir la zarzuela de pescado
- mientras estás preparando la cena
- al llegar a casa con las bolsas de la compra del supermercado
- justo cuando acabas de poner la mesa y abrir el vino
- cuando están a punto de llegar los invitados
- después de haberte pasado toda la tarde cocinando

Ya ves que, cuando tienes invitados a cenar, pueden pasar muchas cosas. ¿Qué harías tú? Pregúntale a tu compañero.

6 Cuestionario

Contesta este cuestionario para averiguar si eres un buen compañero de trabajo. Compruébalo después en los resultados.

¿ERES UN/A BUEN/A COMPAÑERO/A DE TRABAJO?

1 **Cuando alguien critica tu forma de trabajar, ¿cómo reaccionas?**

A- Me deprimo y pienso que la otra persona me tiene manía.
B- Intento hacerle entender que nadie es perfecto, y que él/ella también hace las cosas mal.
C- Me duele, pero le agradezco los comentarios porque me harán mejorar en mi trabajo.

2 **¿Te enfadas y gritas a tus compañeros/as cuando hacen algo que te molesta?**

A- Sí, muchas veces.
B- De vez en cuando.
C- Casi nunca.

3 **En tu opinión, para trabajar de forma eficaz es imprescindible que...**

A- ...haya una relación de amistad entre las personas.
B- ...la gente esté dispuesta a trabajar en equipo.
C- ...exista un cierto grado de rivalidad.

4 **¿Serías capaz de decirle a un/a compañero/a de trabajo que debería cambiar de peinado?**

A- Sí.
B- No.
C- Depende.

5 **Si tu jefe/a te pidiera que le contaras algo personal de un/a compañero/a de trabajo, ¿qué harías?**

A- Le contaría todo lo que quisiera saber.
B- Intentaría averiguar qué le interesa saber y luego se lo contaría a mi compañero/a.
C- Me enfadaría mucho y le diría que no volviera a proponerme nunca algo así.

6 **Si descubrieras que un/a compañero/a de trabajo ha leído tus correos electrónicos, ¿qué le dirías?**

A- Que no volviera a dirigirme la palabra.
B- Que eso es algo que me molesta y que si quiere saber algo de mi vida, podría preguntármelo directamente.
C- Le diría que no me importa, pero cambiaría la contraseña.

7 **¿Cómo actúas ante una persona que se muestra agresiva con un/a compañero/a de trabajo?**

A- Le exijo que no vuelva a gritarle en público.
B- Me voy a tomar un café con ella e intento averiguar cuál es el motivo de esa actitud.
C- Llevo a mi compañero/a a un buen restaurante y le convenzo para que intente afrontar la situación.

8 **Si te enteraras de que un/a compañero/a que está de baja en realidad no está enfermo/a, ¿cómo reaccionarías?**

A- Pensaría que es una cuestión personal y no intervendría.
B- Intentaría averiguar qué le pasa.
C- Hablaría del asunto con el/la director/a.

9 **Imagínate que un/a compañero/a nuevo/a necesita ayuda en el trabajo y te pide que te quedes un rato después de tu horario habitual, ¿qué haces?**

A- Le digo que le ayudaré al día siguiente en horas de trabajo.
B- Improviso una excusa y salgo corriendo.
C- Me quedo aunque no me apetezca.

10 **Si alguien llega más de una hora tarde a una cena de trabajo muy importante, ¿qué le dices después de la cena?**

A- Nada, creo que no tiene remedio.
B- Que intente ser más puntual la próxima vez.
C- Que estoy muy decepcionado/a y que me hubiera gustado que nos avisara.

11 **¿Tienes conflictos con tus compañeros/as de trabajo?**

A- Sí, muchos.
B- Algunos.
C- No, ninguno.

12 **Suponte que un compañero/a consigue el puesto de trabajo para el que te has estado preparando durante un año, ¿qué haces?**

A- Me pongo a llorar desconsoladamente y pienso que soy un/a inútil.
B- Intento hablar con el/la director/a para saber el motivo de la decisión.
C- Pongo carteles por toda la empresa con el nombre del compañero/a: "GARCÍA INCOMPETENTE".

Compara con el compañero el resultado del cuestionario.

OS SERÁ ÚTIL...

¿Qué temas se relacionan con un/a buen/a...?

Habría que poner una pregunta sobre...

También podríamos poner algo sobre...

Habría que poner una reacción un poco más fuerte.

Todas las respuestas se parecen un poco.

¿Cómo puntuamos cada respuesta?

Esta respuesta tendría que valer más/menos que la otra.

7 Vuestro cuestionario

En grupos, vais a elaborar un cuestionario con la misma estructura que el anterior. Tenéis que repetir el texto que aparece en color azul, y el resto debéis crearlo vosotros.
Elegid el objetivo del cuestionario que vais a elaborar:

Para averiguar quién es

un buen una buena	compañero/a de piso. anfitrión/a. amigo/a. jefe/a. compañero/a de viaje. padre/madre. hijo/hija. pareja. ...

También tenéis que pensar en la puntuación y en los resultados.

Pasad el cuestionario a los compañeros de otros grupos, que tendrán que contestarlo.

PUNTUACIÓN

1. a-0, b-2, c-4 **2**. a-0, b-2, c-4 **3**. a-2, b-4, c-0 **4**. a-2, b-0, c-4 **5**. a-0, b-4, c-2 **6**. a-0, b-4, c-2
7. a-0, b-2, c-4 **8**. a-2, b-4, c-0 **9**. a-4, b-0, c-2 **10**. a-0, b-2, c-4 **11**. a-0, b-2, c-4 **12**. a-2, b-4, c-0

RESULTADOS

De 33 a 48: ¡Felicidades! Eres el/la compañero/a de trabajo que todos querríamos tener. Contigo, trabajar es un placer. Continúa así.

De 17 a 32: Las relaciones con tus compañeros se te dan bastante bien, pero deberías ser menos competitivo. A veces, trabajar en equipo y escucharles también da buenos resultados, ¿sabes?

De 0 a16: ¿Todavía no te han despedido? Pues tienes suerte. Cambia rápidamente de actitud o mañana al llegar al trabajo te puedes llevar una desagradable sorpresa.

EMOCIONES

Usbek es un extraterrestre que quiere averiguar cómo es la naturaleza humana. Ha elegido estudiar el lenguaje porque cree que en él hay una enorme cantidad de información sobre el ser humano, recopilada y organizada, por muchas generaciones. En cada idioma se guarda un largo archivo de la experiencia de cada sociedad. A partir de las palabras se puede crear una teoría completa del ser humano, de su comportamiento, de sus motivos, de sus esperanzas...

Usbek ha buscado información en muchos diccionarios, ha viajado por muchos países y ha descubierto que las emociones son universales. Sin embargo, lo que provoca la emoción y la forma en que la manifestan los humanos es diferente en cada sociedad y está condicionada por su cultura. Por ejemplo, los esquimales no se enfadan en situaciones en las que lo hacen los europeos. Algunos humanos, los latinos especialmente, exteriorizan sus sentimientos con mucha frecuencia e intensidad; en cambio, en muchas sociedades, como en la China, creen que la expresión de sentimientos puede alterar la armonía del cuerpo y tienden a no mostrarlos.

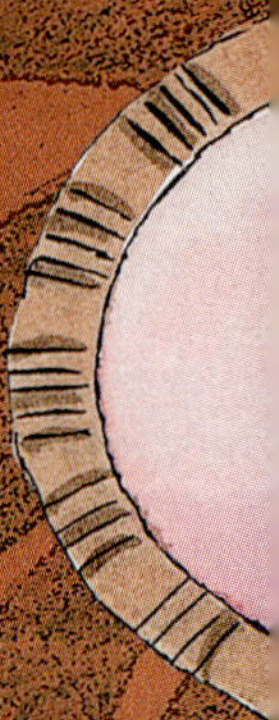

8 **¿Qué asocias a los siguientes sentimientos?**

asco alegría aburrimiento miedo tristeza rabia amor

Escucha ahora una encuesta realizada a diferentes hispanohablantes. ¿Coincidís en vuestras asociaciones? ¿Y con tus compañeros?

9 **Las emociones se manifiestan de diversas maneras según cada cultura. ¿Cómo reacciona la gente de tu país cuando...?**

- nace el hijo de un amigo.
- un amigo encuentra trabajo.
- un amigo íntimo se divorcia.

¿Cómo crees que se comporta la gente de un país hispano en estos casos?

Ahora vas a oír a varios españoles que comentan estas situaciones. Lo que dicen, ¿confirma tus suposiciones? ¿Hay algo que te llame la atención?

10 **¿Cómo interpretas las impresiones que tiene el extraterrestre sobre los humanos? ¿Estás de acuerdo con ellas?**

Algunas impresiones de Usbek sobre los sentimientos humanos:

EL DESEO
"El sistema económico y vital de la cultura occidental se basa en continuas promociones masivas de deseos."

EL ASCO
"Cada sociedad y cada época decide lo que es asqueroso o aceptable (...). Los ascos, pues, se aprenden."

EL AMOR
"El amor es breve, mientras que la amistad suele ser larga."

LA ALEGRÍA
"El diccionario considera que la alegría está siempre acompañada de manifestaciones externas."

EL ABURRIMIENTO
"Los seres humanos parecen volverse peligrosos cuando están aburridos."

EL MIEDO
"Quien se siente feliz es inmune al miedo y eso le hará ser con frecuencia inmoral (...) y ofensivo."

LA SERENIDAD
"He creído entender, al recorrer países, tiempos y culturas, que hay sociedades que valoran sobre todo la tranquilidad, mientras que otras aspiran a vivir alteradas siempre."

"Los humanos oscilan entre la nostalgia de la excitación cuando están tranquilos, y la nostalgia de la tranquilidad cuando están angustiados."

LA TRISTEZA
"La tristeza se exterioriza con el llanto y las expresiones de pena, que son una petición de ayuda."

J. A. Marina y M. López Penas, *Diccionario de los sentimientos*, Anagrama, 1997

11

gente justa

Vamos a preparar y a llevar a cabo un juicio popular.

Para ello aprenderemos:
- ✔ a expresar juicios morales,
- ✔ a criticar y a defender acciones y comportamientos,
- ✔ a hacer reproches,
- ✔ usos del Condicional: el futuro en el pasado,
- ✔ condicionales con **de**: **de haber sabido que...**,
- ✔ identificar a alguien ya mencionado **el/la/los/las + de**.

RADIODIFUSION.COM - La web de la Radiodifusión en Español -

Archivo Edición Ver Favoritos Herramientas Ayuda

Atrás Búsqueda Favoritos

Dirección http://www.radiodifusion.com/

Inicio | Noticias | El Tiempo | Rec

HOY

PROGRAMACIÓN

- las mañanas de difusión
- tardes con corazón
- la noche de tu vida
- difudeportes
- la ventana indiscreta
- solo música
- de viaje

!Bravo!

> A la Asociación pro Derechos del Niño, que ha conseguido reunir 500 000 firmas para que el Parlamento discuta una ley que prohíba los castigos en la escuela.

> A una ciudadana anónima de nuestra ciudad, que se encontró 600 euros en un cajero automático y, en lugar de llevárselos sin decir nada a nadie, entró en la oficina y se los entregó a un empleado.

> Al equipo de investigadores que dirige el Dr. López-Cuenca, por su reciente éxito en el descubrimiento de una vacuna que podría prevenir la diabetes.

> Al Concejal de Tráfico del Ayuntamiento, por haber retirado su propuesta de incremento del 200% en las multas a las personas que no recogen los excrementos de sus perros.

http://www.radiodifusion.com

1 Aquí tienes la página web de Radio Difusión
Los oyentes participan para dar su opinión sobre temas de actualidad.

Ir Vínculos

Correo electrónico: Contraseña:

aceptar

Ayuda | Contacto | Mapa web | Regístrate | Boletín

Sorteos | En el aire | Juegos | Mi compra

!Tirón de orejas!

> A todos los conductores que pasaron por un tramo de autovía en el que había un puente con peligro de desprendimiento y ninguno de ellos dio aviso. El puente finalmente cayó y provocó un accidente.

> Al Departamento de Cultura del Gobierno, que ha suprimido todas las subvenciones que otorgaba a los grupos de teatro experimental.

> A los espectadores del partido de fútbol del domingo, que insultaron y agredieron al árbitro después de que éste anulara un gol injustamente.

> Al Ministro de Trabajo, que ha anunciado que se reducirá de 14 a 12 el número de días festivos anuales en el país. Y al de Administraciones Públicas, por sugerir que los dos días de reducción corresponderán a festividades propias de las comunidades autónomas y de los municipios.

> A la Ministra de Educación, por los resultados de la última encuesta publicada sobre rendimiento escolar: los jóvenes que llegan hoy a la Universidad dan unos resultados en el dominio de la lengua y de las matemáticas inferiores en un 15% a los de hace 10 años.

Club Difusión

Regístrate gratis y benefíciate de descuentos especiales...

registrate

¿Quieres ganar **DOS ENTRADAS** para ir a...?

Internet

Actividades

A Lee y comenta con tus compañeros la sección "¡Bravo!-Tirón de orejas" de la web:

- *Eso está muy bien. Que el Parlamento prohíba maltratar a los niños, a mí, me parece muy bien.*
- *Pues a mí no me parece mal que los maestros castiguen a los niños. Un castigo a tiempo, justo y siempre que no sea cruel, puede venir muy bien.*
- *Bueno, eso es bastante discutible...*

B Radio Difusión otorga anualmente el premio 'Gente naranja' a personalidades públicas dignas de elogio, y el premio 'Gente limón' a las que merecen su crítica. Los oyentes llaman para opinar. Escucha la edición de hoy y discute con tus compañeros lo acertadas que os parecen sus opiniones.

- *A mí no me parece criticable hacer lo que hizo Pachi. Participar gratis en una campaña estará muy bien, pero nadie está obligado a ello.*
- *Pues a mí me parece fatal.*

C Ahora, en grupos, tenéis que escribir un párrafo para la sección "¡Bravo!-Tirón de orejas", sobre cosas que han pasado en los últimos meses en vuestra ciudad, en vuestro país o en el lugar donde estéis estudiando español. Antes discutidlo:

- *El "Tirón de orejas" debería ser para el alcalde, él tiene la culpa de los problemas de tráfico.*

2 Los casos

Leed estos casos publicados en la prensa. Discutid con vuestros compañeros. ¿De quién o quiénes podemos afirmar las siguientes cosas?

	NOMBRE
Actuó de buena fe.	________
Actuó de mala fe.	________
Iba con buenas intenciones.	________
Iba con malas intenciones.	________
No tuvo escrúpulos.	________
Fue leal con alguien.	________
Fue desleal con alguien.	________
Se aprovechó de la situación.	________
Fue muy altruista.	________
Fue muy egoísta.	________
Fue un irresponsable.	________
No tiene la culpa de lo que pasó.	________

El timo del boleto premiado

Lucas Río no era un jugador habitual de lotería, pero el pasado domingo sí compró un boleto. Desgraciadamente se trataba de una falsificación. Diego Lara, que se colocó junto a un puesto de lotería donde aparecían los números ganadores del último sorteo, logró convencerle de que tenía el número 45 667 de la Lotería Nacional, premiado con 12 000 euros. Pero, como era domingo y las tres de la tarde, le era imposible cobrar el premio; además, una hora después debía volar hacia Santiago de Chile. Parece ser que el ingenuo comprador no quiso pagar más que la mitad de lo que le pedía el impostor: 3000 euros.

¿El perro o la farola?

José Martos iba por una avenida de la ciudad en su coche, a 70 Km/h. Inma Sedano iba paseando con su perro por la acera. El perro se le escapó e invadió la calzada; José Martos lo atropelló; admite que no frenó ni intentó desviarse: prefirió atropellar al perro antes que chocar contra una farola o dar un frenazo brusco y peligroso para su anciana madre, que iba en el asiento de al lado y no se puede poner el cinturón de seguridad porque le oprime y le angustia. Inma Sedano dice que no hay ninguna justificación para el comportamiento de un conductor que no intenta evitar un atropello; si hizo eso con un perro, hubiera hecho lo mismo con una persona.

Expulsado por solidario

Rubén Pérez, estudiante brillante y de conducta irreprochable, ha sido expulsado de su escuela. El motivo: haber ocultado las prácticas de su amigo Ricardo Ferreras. Los hechos: Ricardo Ferreras sentía auténtico terror a suspender el curso. Un miedo parcialmente justificado por la severidad de su padre. Así, Ricardo se las arreglaba, con la ayuda de Rubén, para no sacar ningún suspenso: exámenes copiados, trabajos de curso hechos por Rubén y firmados por Ricardo... En fin, Rubén era de hecho responsable de su propio expediente y, a la vez, del de su amigo. Al descubrirse los hechos, la dirección del colegio los ha expulsado a los dos. Los padres de Rubén alegan que el comportamiento de su hijo es más que nada una muestra de solidaridad, sacrificio y altruismo.

JUICIOS MORALES

Eso...
Mentir...
Que alguien mienta/haya mentido a un amigo...

- ... **no está bien.**
- ... **está bien / mal.**
- ... **me parece bien / mal.**
- ... **me parece** **extraordinario. / fantástico. / comprensible. / justificable. / inadmisible. / vergonzoso.**

No me parece mal / criticable mentir a un amigo.

CRITICAR Y DEFENDER

Al comportarse así...
... **actuó de mala fe.**
... **fue leal / desleal con** sus amigos.
... **se aprovechó de** la situación / su confianza.
... **fue muy** desinteresado / altruista /...
... **fue un** inconsciente / irresponsable /...

Su comportamiento es **comprensible. / inadmisible. / lógico.**

Lo hizo **con la mejor intención. / de buena / mala fe.**

No tiene la culpa de **lo que** pasó. / **que** le mintieran.

No es culpa suya **si** todo salió mal. / **que** todo saliera mal.

REFERIRSE A ALGUIEN CONOCIDO

El **de la** farola...
del boleto premiado...

La **del** perro...
de la denuncia...

REPROCHAR

(No) **tenías que haber**le ayud**ado**.
(No) **deberías haber**le ayud**ado**.
Creo que **hiciste mal** ayud**ándo**le.

LAS ACCIONES: SUS PREVISIONES Y SUS CONSECUENCIAS

Él contaba con que / **Ella confiaba en** que — su amigo se lo **agradecería**.

Nunca imaginó que / **Él no creía que** — eso **fuera a pasar**.

De haberlo / Si lo hubiera } sabido, { hubiera / habría } dicho la verdad.

Resultó perjudicado / beneficiado.
Salió ganando / perdiendo.

ARGUMENTAR

Es cierto que..., pero también es verdad que...

No es cierto que mint**iera, lo que pasó fue que...**

Es verdad, pero lo que { no está claro / no está probado / no se puede decir } es que...

Consultorio gramatical, páginas 168 a 171.

Acusados por generosos
Hace dos años se cometió un atraco en el Banco Central. Luis Trías, uno de los ladrones, fue herido, pero logró huir y refugiarse en casa de Araceli y David, unos antiguos amigos. Éstos le atendieron, le curaron de sus heridas y le dejaron marchar. Ahora, la justicia les acusa de ser cómplices por no haber denunciado al delincuente.

Justicia lenta
Hace 5 años, Isabel Aranda denunció a sus padres ante la justicia: les acusaba de malos tratos psicológicos. Ahora quiere retirar la denuncia: dice que fue fruto de una rabieta de adolescente. Los vecinos afirman que no es cierto, y que, además, los maltratos no eran solo psicológicos: los padres pegaban a sus hijos.

Abusar de la buena fe
Óscar Pérez era miembro de una ONG y tenía una estrecha amistad con Alberto Rozados, el tesorero. Hace año y medio, se vio en un serio apuro: necesitaba urgentemente 3000 euros. Recurrió al tesorero: un préstamo sin intereses, a devolver antes de un mes. Alberto Rozados sacó el dinero en metálico y se lo prestó. Pero Óscar Pérez se dio de baja de la ONG y desapareció sin devolver el dinero. Ahora ha habido renovación de cargos y el nuevo tesorero ha descubierto el pastel. Ha presentado denuncia contra los dos.

3 ¿Qué os parece?
En pequeños grupos, elegid tres de los casos anteriores y exponed a la clase vuestra opinión sobre las personas implicadas:

- A nosotros nos parece que el de la ONG no tiene la culpa de lo que pasó.
- No nos parece criticable que ayudara a Óscar. Es verdad que no actuó bien sacando el dinero de la ONG, pero él lo hizo de buena fe.
- Sí, no contaba con que se descubriera lo que pasó.
- Y al final, el que resultó perjudicado fue él.

4 No debiste hacer eso
¿Qué le dirías a los protagonistas de las noticias? Con tu compañero, elegid a tres de esas personas y comentad qué les diríais:

- Yo le diría: "Debiste pensar antes en las consecuencias que tendría..."

Luis Trías · Araceli y David · Isabel Aranda · Alberto Rozados · Diego Lara · Rubén Pérez · José Martos · Óscar Pérez · La dirección del colegio · Los padres de Rubén Pérez · Lucas Río

5 Abogados defensores
Ahora sois el abogado de esas mismas personas: tenéis que buscar una excusa, una explicación para su comportamiento.

- Él confiaba en que podría devolver el dinero.

6 Otros casos
¿Conoces algún caso parecido? Cuéntaselo a tus compañeros, a ver qué les parece.

7 Escándalo en la tele

En la prensa, ha saltado a las páginas de sociedad un caso de fraude en un concurso de televisión. Una asociación de consumidores y de usuarios ha presentado denuncia, y ahora hay que juzgar el caso ante los tribunales.

A– Los datos del caso y la situación que se ha originado.
En pequeños grupos tenéis que:

- leer el reportaje periodístico,
- sintetizar en tres líneas los datos del caso,
- sintetizar en una ficha las reacciones de los distintos profesionales.

B– Las cosas nunca son tan sencillas como parecen.
Entre toda la clase, vamos a elaborarar tres listas:

- una, con todas las personas que consideremos implicadas en la responsabilidad del fraude;
- otra, con todas aquellas razones que nos parezcan lógicas como móviles de la actuación de los presuntos implicados;
- otra, con las cosas que creamos que podrían haber hecho todos los implicados para evitar el fraude.

C– Preparamos el juicio.
Formamos tres equipos de trabajo:

- el equipo de fiscales, el de abogados defensores y el de jurado.

Cada equipo elabora la línea argumental de su discurso para acusar, para defender y para valorar, respectivamente, a los implicados. Éstos son:

- cada uno de los dos concursantes,
- el director general de la cadena,
- el presentador del programa,
- el director de la empresa patrocinadora,
- otros presuntos implicados, de la lista que habéis confeccionado.

D– Realizamos el juicio.
- Juzgaremos por separado a cada implicado.
- Podrán intervenir todos los abogados y todos los fiscales.
- Tras las intervenciones de los dos grupos (fiscal y abogado defensor), el jurado deliberará y dará un veredicto.

36 SOCIEDAD / HOY

Escándalo en la tele

"Quiz Show" a la española

Jaime Rueda y Gloria Jimeno se han convertido en los protagonistas de un caso de "Quiz Show" (la famosa película de R. Redford) al declarar ayer, en una rueda de prensa convocada por ellos mismos, que su éxito en el famoso concurso "Parejas sabias" estaba amañado de antemano.

Madrid. Redacción.

El escándalo estalló anoche en el salón Picasso del Hotel Ritz. La rueda de prensa convocada por la pareja más de moda de las últimas semanas, Jaime Rueda y Gloria Jimeno, había levantado gran expectación, y el salón estaba a rebosar, especialmente de periodistas de la llamada prensa del corazón. Pero el bombazo informativo sorprendió a todos. Los concursantes, que llevaban siete semanas en el programa y que hasta ahora habían conseguido el premio más gordo de "Parejas sabias", admirados y envidiados por media España, declararon haber hecho juego sucio. El programa estaba amañado y ellos sabían de antemano las preguntas que les iban a hacer.

"GLORIA Y YO HEMOS DECIDIDO SACAR A LA LUZ LA VERDAD DE LOS HECHOS"

En un comunicado leído a medias informaron escuetamente de los hechos, se reconocieron avergonzados por lo sucedido y declararon haber depositado en un banco el importe íntegro de su premio (200 000 euros) con la intención de dedicarlo a causas benéficas. Primero habló Jaime, con voz temblorosa: "Lo que voy a decir sorprenderá a muchos y probablemente molestará a muchos más. Pero Gloria y yo hemos decidido sacar a la luz la verdad de los hechos". En cuanto empezó a relatar el desarrollo de lo sucedido, todas las miradas buscaron en la sala a los representantes de Canal Diez, la cadena que emite el programa "Parejas sabias". Casualmente, no había ninguno. A la declaración de Jaime siguieron las palabras de Gloria, más serena pero igualmente seria: "Queremos darle un buen fin a un dinero obtenido de manera poco elegante", afirmó, utilizando un adjetivo que provocó las únicas sonrisas de una velada bastante tensa.

El acto fue muy breve. Finalizada su declaración, Jaime y Gloria se negaron a responder a ninguna pregunta de los periodistas y se retiraron rápidamente. "Hoy solamente hemos querido dejar las cosas claras: la trampa del concurso, en nuestro caso; lo que haya podido pasar con otros concursantes no lo sabemos, y nuestra decisión sobre el destino del dinero. De todo ello hay levantada acta notarial. Por supuesto, más adelante, cuando estemos más tranquilos, facilitaremos más detalles sobre este asunto. Ahora nos dispensarán. Buenas noches.", fueron las únicas palabras de Jaime ante la insistencia de los periodistas.

OS SERÁ ÚTIL...

Con eso no hacían daño a nadie.

Mentir / Eso no es un delito grave.

Consideramos / Declaramos al acusado...
... culpable / inocente porque...

No hay pruebas de que... / está demostrado que...

Entendemos que...
A nosotros nos parece que...
Hay que tener en cuenta que...

Jaime y Gloria, la polémica pareja de "Parejas sabias".

INSTALADOS EN LA TV

Semiólogos, comunicólogos, filósofos, (y, si me apuran ustedes, hasta los teólogos), todos están de acuerdo en una cosa: la realidad actual se vive mediáticamente. ¿De qué vamos a sorprendernos, entonces, si dos desconocidos se convierten de repente en los más famosos del país, capaces de movilizar a toda la prensa hasta los salones del Ritz, porque anuncian que "tienen algo que decir"? Y algunos, en su torre de marfil, pensarán: "¿Qué tendrán esos pobres que decir? ¿Quiénes son ellos para decirnos nada? ¿Cuáles son sus credenciales?". Pues nada menos que las credenciales de la honradez y de la vergüenza. En un mundo que todos creemos cada vez menos honrado y más desvergonzado, la televisión es capaz de rescatarnos esos valores. ¿Lo es de verdad? ¿O es solo un espejismo? Mientras tanto, los fríos cálculos de quienes mueven hilos estarán ya programando en *prime time* los retales de unos reportajes obtenidos ayer en el Ritz y cotizados hoy a precio de oro. Algo sí puedo asegurarles: *"Parejas sabias"* ha muerto, viva su sucesor.

Carlos Espinel.

Opiniones autorizadas

En una encuesta de urgencia, la redacción de nuestro periódico ha pedido la opinión de una serie de profesionales que, de una u otra forma, tienen algo que decir sobre este escándalo.

***Sara Correas,** de la Organización de Usuarios de Prensa.*

La OUP no puede pronunciarse por el momento. No nos extrañaría que las acusaciones fueran ciertas, porque tenemos fundadas sospechas de que hay juego sucio en muchos programas. Nuestro gabinete de documentación se ha puesto a trabajar de inmediato sobre este asunto. Por supuesto, nos personaremos como acusación particular si encontramos indicios de culpabilidad. Nos querellaremos contra la cadena, no contra los concursantes; a ellos los consideramos más víctimas que culpables.

***Nacho Higueras,** presentador de "Parejas sabias".*

Cuando me lo han contado no me lo podía creer. Es la primera vez que me pasa algo así. Ya sé que habrá gente que pensará que yo no puedo estar al margen, pero ahí están mis quince años de profesión y todos los programas en los que he participado anteriormente, para dar crédito a mi honradez. No sabía nada, ni sé nada al respecto. Y me cuesta muchísimo creer la versión de Gloria y Jaime, a quienes por otra parte considero mis amigos y unas excelentes personas. Sería la primera vez que en Canal Diez se produce algo así.

***Carmen Matas,** periodista especializada en televisión.*

El código de conducta de los profesionales de la televisión les prohíbe realizar ese tipo de prácticas. Es verdad que en este asunto no hay nadie que salga individualmente perjudicado, que se trata de una mentira inofensiva en el marco de un programa de entretenimiento. Pero no deja de ser una mentira, y mentir es la falta más grave que puede cometer un medio de comunicación. A no ser que sus directivos entiendan que más que un servicio público son una empresa que debe obtener beneficios a toda costa. Yo creo que aquí los jueces van a tener mucho que decir sobre el comportamiento de mucha gente: los últimos responsables de Canal Diez, la dirección del programa, sus guionistas y su presentador, y también sobre los concursantes que se hayan prestado a ese juego.

"ES ABSOLUTAMENTE FALSO. PUEDO GARANTIZAR QUE EN EL PROGRAMA SE HA JUGADO LIMPIO EN TODO MOMENTO"

***Ofelia Gonzalvo,** Directora de Producción de "Parejas Sabias".*

Es absolutamente falso. Puedo garantizar que en el programa se ha jugado limpio en todo momento. La opinión pública, lógicamente, da crédito a declaraciones de este tipo. Ahora nosotros estamos bajo sospecha, pero los concursantes tendrán que probar sus acusaciones. Vamos a iniciar acciones legales en defensa de nuestra credibilidad. Además, el programa ha tenido un gran impacto entre la población más joven. Todos admiraban a 'la pareja sabia'. El programa fomentaba el interés por la cultura. Ha sido el primer programa en subvencionar reformas de bibliotecas que estaban a punto de cerrar por falta de medios, centros de cultura y muchas cosas más. Los concursantes no tenían derecho a defraudar así a todas esas personas.

gente justa

AUGUSTO MONTERROSO

Augusto Monterroso nació en Honduras en 1921, pero es ciudadano guatemalteco y reside exiliado en México desde 1944. Abandonó la escuela primaria por aburrimiento, pobreza y miedo a los exámenes, según él mismo confesó. Tuvo que empezar a trabajar a los quince años en una carnicería como ayudante. Allí se inició como autodidacta y recibió el apoyo de su jefe, quien le dio a conocer las obras de Shakespeare, Chesterton, y Víctor Hugo. Por la noche iba a la Biblioteca Nacional de Guatemala, donde leyó con entusiasmo las obras de la literatura clásica española, que es la base de su literatura. Su obra se compone de cuentos, novelas, fábulas, pequeñas reflexiones y acertijos que se caracterizan por su brevedad, humor e inteligencia. Ha obtenido el premio Magda Donato (1970), el Villaurrutia (1975), el Juan Rulfo (1996), el Miguel Ángel Asturias (1997) y el Príncipe de Asturias (2000). En 1988 recibió la condecoración del Águila Azteca de México por su aportación a la cultura de este país. Sus obras han sido traducidas al inglés, al alemán, al polaco, al italiano, al portugués e, incluso, al latín.

MONÓLOGO DEL MAL

Un día el Mal se encontró frente a frente con el Bien y estuvo a punto de tragárselo para acabar de una buena vez con aquella disputa ridícula; pero al verlo tan chico el Mal pensó:
"Esto no puede ser más que una emboscada; pues si yo ahora me trago al Bien, que se ve tan débil, la gente va a pensar que hice mal, y yo me encogeré tanto de vergüenza que el Bien no desperdiciará la oportunidad y me tragará a mí, con la diferencia de que entonces la gente pensará que él sí hizo bien, pues es difícil sacarla de sus moldes mentales consistentes en que lo que hace el Mal está mal y lo que hace el Bien está bien."
Y así el Bien se salvó una vez más.

EL RAYO QUE CAYÓ DOS VECES EN EL MISMO SITIO

Hubo una vez un Rayo que cayó dos veces en el mismo sitio; pero encontró que ya la primera había hecho suficiente daño, que ya no era necesario, y se deprimió mucho.

8 ¿Cuál de estas fábulas te gusta más? ¿Por qué? ¿Estás de acuerdo en que "las cosas no son tan simples" para establecer la frontera entre el Bien y el Mal?

MONÓLOGO DEL BIEN

Las cosas no son tan simples, –pensaba aquella tarde el Bien,– como creen algunos niños y la mayoría de los adultos.
Todos saben que en ciertas ocasiones yo me oculto detrás del Mal, como cuando te enfermas y no puedes tomar un avión y el avión se cae y no se salva ni Dios; y que a veces, por el contrario, el Mal se esconde detrás de mí, como aquel día en que el hipócrita Abel se hizo matar por su hermano Caín para que éste quedara mal con todo el mundo y no pudiera reponerse jamás.
Las cosas no son tan simples.

LA BUENA CONCIENCIA

En el centro de la Selva existió hace mucho una extravagante familia de plantas carnívoras que, con el paso del tiempo, llegaron a adquirir conciencia de su extraña costumbre, principalmente por las constantes murmuraciones que el buen Céfiro les traía de todos los rumbos de la ciudad.
Sensibles a la crítica, poco a poco fueron cobrando repugnancia a la carne, hasta que llegó el momento en que no sólo la repudiaron en el sentido figurado, o sea el sexual, sino que por último se negaron a comerla, asqueadas a tal grado que su simple vista les producía náuseas.
Entonces decidieron volverse vegetarianas.
A partir de ese día se comen únicamente unas a otras y viven tranquilas, olvidadas de su infame pasado.

Augusto Monterroso, *La Oveja negra y demás fábulas*, 1991.

12

Vamos a valorar el progreso realizado durante el curso.

Para ello tendremos que:
- ✔ discutir nuestros puntos de vista sobre qué es saber un idioma,
- ✔ valorar y repasar lo que hemos aprendido hasta ahora.

gente que aprende

Certificado de Conocimientos de

Los alumnos deberán pasar las siguientes pruebas:

1 COMPRENSIÓN DE LECTURA

Duración de la prueba: 30 minutos.
- Leer varios textos breves y contestar a una serie de preguntas.
- Relacionar los párrafos de un texto con sus respectivas síntesis.

2 EXPRESIÓN ESCRITA

Duración de la prueba: 35 minutos.
- Escribir un texto sencillo de la vida cotidiana, por ejemplo: una carta informal, la opinión sobre un tema, etc.

3 COMPRENSIÓN AUDITIVA

Duración de la prueba: 30 minutos.
- Seleccionar una respuesta entre varias para contestar a preguntas sobre una grabación.
- Relacionar conversaciones grabadas con situaciones o con contextos en los que se pueden producir.

4 EXPRESIÓN ORAL

Duración de la prueba: 40 minutos.
- Mantener una conversación con un profesor sobre temas generales.
- Expresar brevemente el propio punto de vista sobre un tema planteado.
- Intervenir en una conversación simulada con otro alumno, según los papeles asignados previamente. Por ejemplo: un alumno es alguien que llega tarde a una comida de trabajo con un cliente importante; el otro alumno es el cliente.

(En todas las pruebas se calificará también la pronunciación y la entonación.)

1 Un examen de español

Una escuela de idiomas prepara a sus alumnos para el examen que tienes a la izquierda, a fin de evaluar su nivel y de darles un certificado.

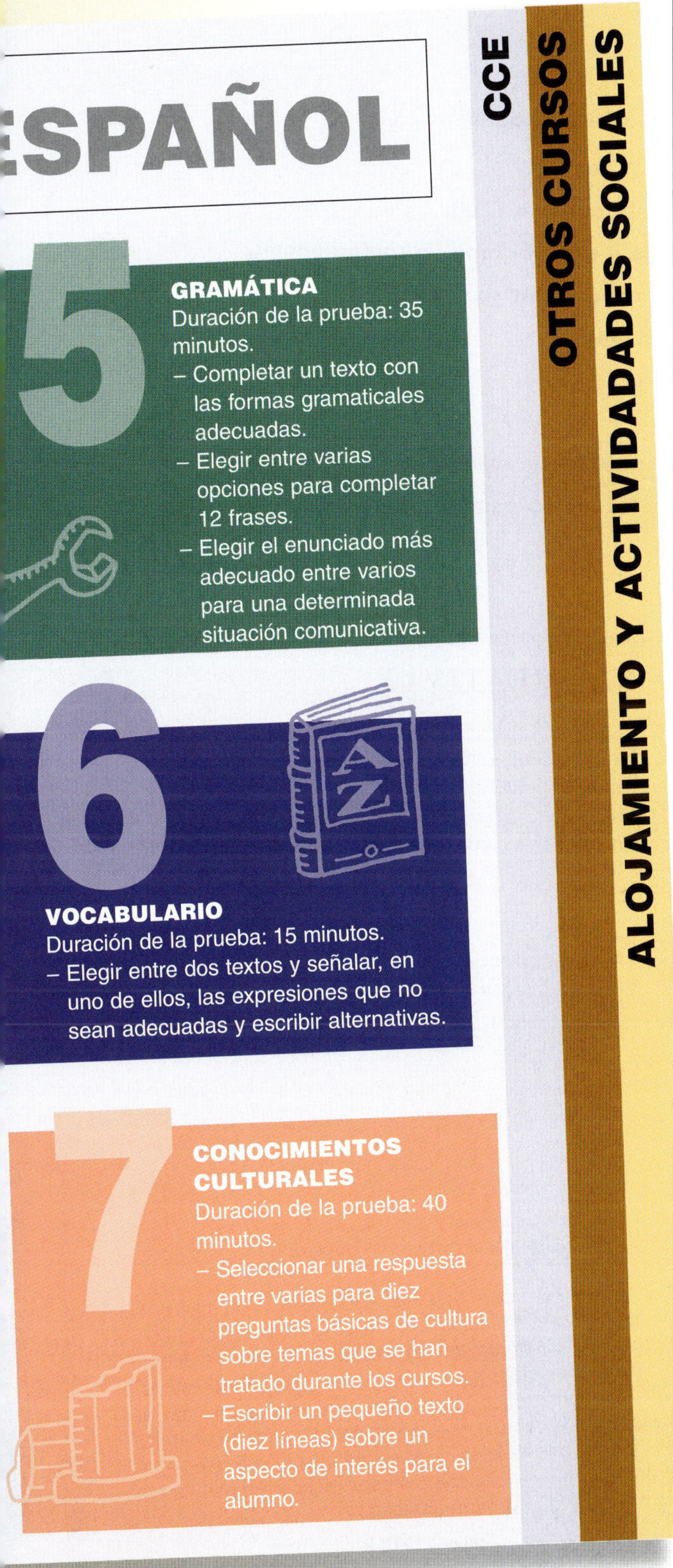

ESPAÑOL

CCE | OTROS CURSOS | ALOJAMIENTO Y ACTIVIDADADES SOCIALES

5 GRAMÁTICA
Duración de la prueba: 35 minutos.
– Completar un texto con las formas gramaticales adecuadas.
– Elegir entre varias opciones para completar 12 frases.
– Elegir el enunciado más adecuado entre varios para una determinada situación comunicativa.

6 VOCABULARIO
Duración de la prueba: 15 minutos.
– Elegir entre dos textos y señalar, en uno de ellos, las expresiones que no sean adecuadas y escribir alternativas.

7 CONOCIMIENTOS CULTURALES
Duración de la prueba: 40 minutos.
– Seleccionar una respuesta entre varias para diez preguntas básicas de cultura sobre temas que se han tratado durante los cursos.
– Escribir un pequeño texto (diez líneas) sobre un aspecto de interés para el alumno.

Actividades

A ¿Has hecho o vas a hacer algún examen de este tipo? ¿Qué partes del examen son más importantes para ti? ¿Qué porcentaje le darías a cada parte de este examen en la nota global? ¿Por qué? Trata de ponerte de acuerdo con un compañero.

B ¿Cómo ves tu nivel de español? Evalúate en los diferentes ámbitos (*muy bien, bien, regular, mal*). Trata también de reflexionar sobre por qué te has dado cada calificación, y explícaselo a un compañero con ejemplos.

	CALIFICACIÓN
Comprensión lectora	________
Expresión escrita	________
Comprensión auditiva	________
Expresión oral y pronunciación	________
Gramática	________
Vocabulario	________
Conocimientos culturales	________

Si para ti fuera muy importante aprobar el CCE y pudieras escoger realizar sólo cinco de las pruebas que contiene, ¿cuáles elegirías?, ¿por qué? Coméntalo con tu compañero.

- Yo haría la parte de completar textos con vocabulario.
- ¡Yo no...! Tengo muy mala memoria para las palabras nuevas. Yo preferiría la parte de gramática...

C ¿Has hecho muchos exámenes en tu vida (no solo de lengua)? ¿Crees que reflejan bien tu nivel de conocimientos o hay aspectos que no se ven reflejados en los exámenes? ¿Te han sido útiles? Coméntalo con tus compañeros.

2 Muchas maneras de examinar

Mira las pruebas de esta página. ¿Qué aspectos de la lengua pretenden evaluar?

- Pues la actividad B creo que es para comprobar tu grado de comprensión del texto.
- Sí, pero más bien es para ver tu capacidad de relacionar contextos.

A

Trata de escribir un pequeño texto con todas las informaciones de estos fragmentos.

El nacimiento del "prêt a porter"

La idea de hacer ropa y ponerla a la venta nació en Londres hacia el año 1700.

Hasta el siglo XVIII, no existía la posibilidad de ir a una tienda y comprar ropa ya confeccionada.

La idea llegó a París hacia el año 1770, y allí se introdujo el concepto de "talla".

Cada prenda se confeccionaba en tres o cuatro tamaños diferentes.

Podían servir para gente de diferentes estaturas.

Rápidamente se popularizó el sistema.

La mayor parte de la gente se hacía las prendas en casa (trabajo que solían realizar las mujeres).

Los ricos iban a un sastre para que les tomase las medidas y les confeccionara las prendas.

B

Inventa posibles preguntas para este cuestionario que va a aparecer en una revista.

¿ERES UNA PERSONA CREATIVA?

¿ ____________________ ?
Con bastante frecuencia.
Nunca.
De vez en cuando.

¿ ____________________ ?
Sí, es una parte fundamental de la cocina.
Nada, lo importante es que esté bueno, ¿no?
Mínimamente.

¿ ____________________ ?
Ni idea, conducirlo es suficiente.
Como la palma de mi mano.
Muy poco.
Lo suficiente como para reparar alguna avería sencilla.

¿ ____________________ ?
Se lo leo.
Me gusta inventármelo.
Lo leo y le añado cosas.

C

Lee este texto y complétalo.

FERNANDO GARÓ. 62 DÍAS EN EL ACONCAGUA

Malagueño de nacimiento, vive en Barcelona desde 1968. ---------- mundial de permanencia en altura (65 días en ---------- cumbre del Aconcagua).

A mí siempre me ha ---------- estar solo. Planeé la permanencia en la cumbre del ---------- como una aventura personal, yo mismo me encargué ---------- todo. Llegué a Argentina en 1996. Durante el ---------- mes estuve aclimatándome a la altura. En cuanto me quedé ------------- empezaron los problemas. A los cuatro días, ya ---------- a sentirme mal y a tener vómitos continuos. --------- que no debía arriesgarme demasiado, así que bajé ---------- campo base para recuperarme. Cuatro días después, volví ---------- subir, y allí estuve durante otros 65 días ----------, un récord que aún no ha sido superado. ---------- las condiciones eran terriblemente duras; sólo hay una --------- parte del oxígeno a esa altitud, por lo ---------- sientes que todo se hace lento, la cabeza ---------- despacio, no tienes energía para nada. O sea ---------- estuve la mayor parte del tiempo dentro de ---------- tienda, acostado en un saco. Salía sólo una ---------- al día, porque no me sentía lúcido. Al ---------- estaba muy débil. Perdí 18 kilos de peso ---------- me costó meses recuperarme. Ahora me siento bien, ---------- de haberlo logrado. Incluso tengo ya ganas de ---------- a intentar una aventura parecida.

3 ¿Bien o mal?

Poner notas no es nada fácil. Varios profesores han corregido este texto de un alumno extranjero, pero no se ponen de acuerdo en la nota global. Las notas se dan con relación a estos criterios:

0 1 2 3 4 5 6 7 8 9 10

0 = No se entiende. 10 = Se entiende perfectamente.

0 1 2 3 4 5 6 7 8 9 10

0 = Hay muchas faltas gramaticales. 10 = No hay faltas.

0 1 2 3 4 5 6 7 8 9 10

0 = Totalmente inadecuado a la situación o al tipo de texto. 10 = Totalmente adecuado a la situación o al tipo de texto.

0 1 2 3 4 5 6 7 8 9 10

0 = Muy mal estructurado. 10 = Muy bien estructurado.

Nota global 0 1 2 3 4 5 6 7 8 9 10

¿Cómo lo puntuarías tú? Intenta ponerte de acuerdo con un compañero.

Escriba una carta a un colega de trabajo. En ella tiene que:

- agradecer un envío de documentación,
- informar sobre una reunión que ya ha tenido lugar,
- proponer lugar y fecha para un próximo encuentro.

Nombre: ______

Querido amigo:

Ricardo, acabo de recibir su correo electrónico y soy muy contento de saber noticias de usted y de recibir la información que era muy importante para nosotros.

El miércoles tuve con la Sra. García y arreglábamos todo acerca de el seminario de marzo en Madrid. Decidimos de cuántas horas de curso se hará, el programa y el hotel. Hablará directo con usted y organizará todo. Yo le he dado los documentos para entregarle y llevará a usted a Madrid.

Cuando reciba la documentación, volvemos a ponernos en contacto para que me da su opinión. Es posible vernos en Sao Paulo en enero.

Espero sus noticias.

Muchos abrazos.

Profesor A: 8

Profesor B: 6

Profesor C: 3

Vosotros: ______

4 ¿Qué es "saber" una lengua?
Lee este texto y señala las ideas con las que estés de acuerdo. Coméntalo con tus compañeros. ¿Crees que se suelen tener en cuenta todas estas cuestiones en los exámenes?

ALGO MÁS QUE PALABRAS

Es muy difícil describir qué es exactamente «saber una lengua». Ni los mismos especialistas se ponen a veces de acuerdo. Está claro que no es solo saber cosas sobre la lengua, sean reglas o teorías. Todo el mundo considera, actualmente, que lo importante es saber actuar con el idioma, saberlo utilizar en situaciones reales de comunicación, interactuando con otros hablantes o con textos: poder participar en una discusión, entender un periódico o poder escribir una carta, por ejemplo.

No basta con saber muchas palabras o con saber formar frases correctas y pronunciar bien, aunque todo eso también es necesario. Hay que saber elegir qué formas son adecuadas para expresar nuestras intenciones en una determinada situación (¿sería adecuado decirle al director de un banco «¿Qué tal, tío?» o «Hola, vengo a por la pasta»?). Hay que saber con quién hablamos, qué relación tenemos con esa persona y qué tono debemos emplear. Además, hay que saber no solo entender las palabras de nuestro interlocutor sino reconocer sus intenciones. Si alguien nos dice «Hace un poquito de frío, ¿no?», en un tren, a lo mejor nos está pidiendo que cerremos la ventanilla, o tal vez busca un tema de conversación. También es importante saber qué se puede decir, qué no se puede decir (por ejemplo, ¿sabes si puedes preguntarle a un español cuánto gana o a qué partido vota?) o qué se espera que digamos. Conocer las costumbres y los valores de la sociedad también nos va a ayudar a desenvolvernos de forma fluida.

Por otra parte, cuando hablamos o escribimos no amontonamos frases inconexas. Construimos la comunicación relacionando nuestras palabras y las de nuestros interlocutores, conectándolas.

Reconocer a qué tipo de texto nos enfrentamos también será indispensable para comprenderlo.

Además, en la comunicación surgen constantemente pequeños problemas, malentendidos, obstáculos: nos falta una palabra, alguien habla demasiado deprisa o no hemos entendido bien su intención. Las personas desarrollamos estrategias para salvar esos pequeños accidentes; por ejemplo, si no sabemos la palabra «sartén», podemos hablar de «una cosa que sirve para freír» o pedirle ayuda a nuestro interlocutor: "¿Cómo se llama eso?".

Todo este conjunto de habilidades tan complejo, y no solo unas cuantas reglas de gramática, es saber un idioma. Es evidente, entonces, que aprender un idioma supone realizar un largo camino. Y medir cuánto sabe alguien se convierte en una tarea muy difícil.

A veces, los exámenes son un simple trámite administrativo, algo que los estudiantes temen y que solo mide algunos aspectos muy parciales. Pero también puede haber maneras de evaluar que nos ayuden a controlar nuestro aprendizaje y que traten de reflejar el nivel de competencia del alumno en todas sus facetas.

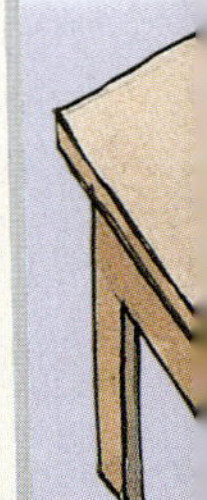

5 Nuestra prueba

Vamos a preparar, entre todos, nuestros propios exámenes. Ponte en la casilla de salida y sigue las instrucciones.

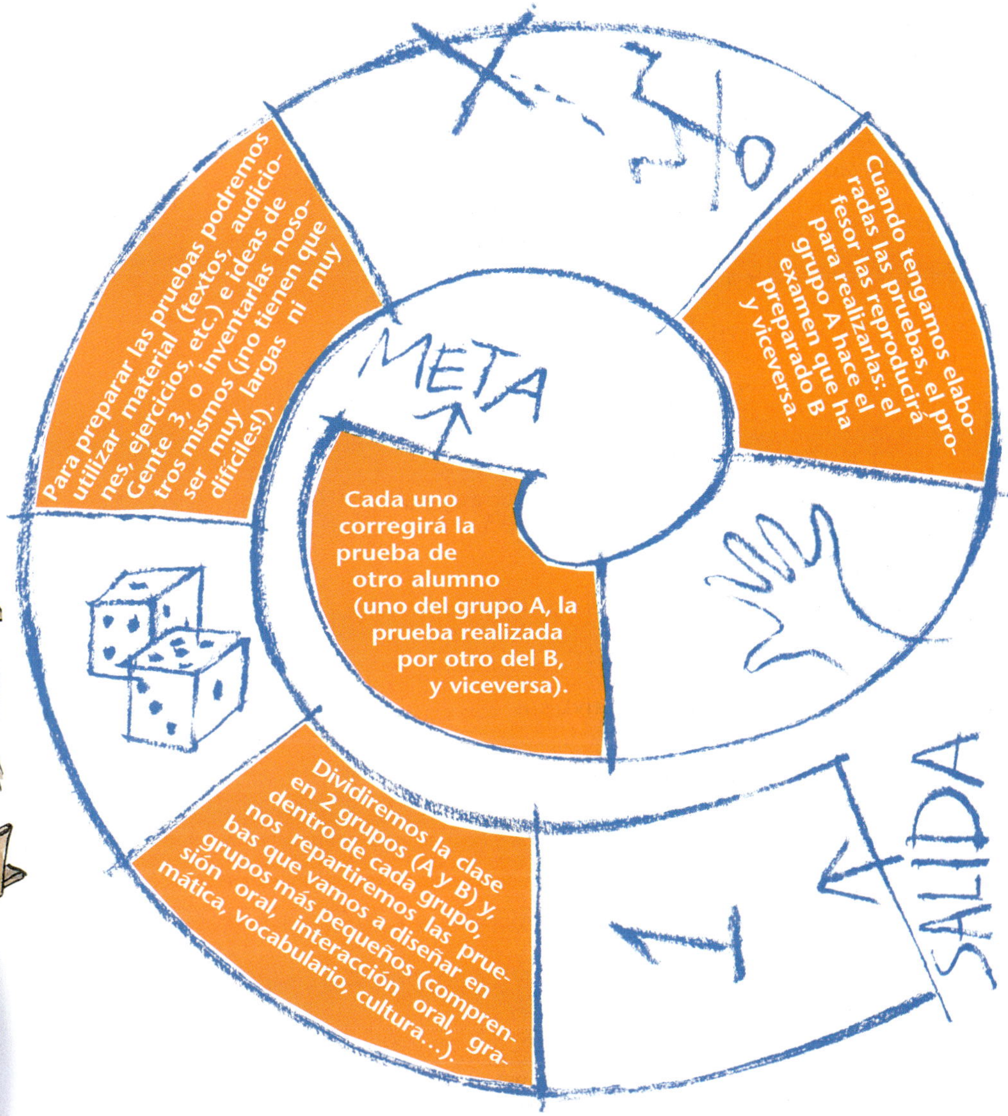

6 Planes para seguir aprendiendo

Hemos terminado Gente 3 pero... ¿verdad que queréis seguir aprendiendo español? Individualmente, vamos a hacer una lista de nuestros propósitos para el futuro y pensaremos en diversas maneras de hacerlos realidad. Luego, los pondremos en común. Entre todos tendremos más ideas.

COSAS QUE QUIERO CONSEGUIR

Yo quiero conseguir...

Hablar con más fluidez.

¿CÓMO?

Lo que voy a hacer es...

Empezar a hablar sólo en español con mis amigos latinoamericanos.

7 ¿Qué sabes hacer?

Individualmente, señala cuáles de estas cosas ya sabes hacer en español, cuáles vas a necesitar en tus contactos con la lengua española, cuáles te interesan, cuáles no…

	Creo que lo sé hacer	Creo que no lo sé hacer	Me gustaría saberlo	No me interesa
Expresar un sentimiento íntimo.				
Contar un chiste.				
Comentar una noticia del periódico.				
Tomar la palabra en una discusión acalorada.				
Averiguar cómo funciona una regla gramatical viendo ejemplos.				
Criticar el comportamiento de una persona.				
Deducir, por el contexto, el significado de una palabra que no conoces.				
Explicar cómo funciona el Pretérito Pluscuamperfecto.				
Iniciar una conversación con un desconocido en un ascensor.				
Expresar enfado por algo que ha sucedido.				
Pedir ayuda si estás escribiendo algo y no estás seguro.				
Elogiar algo que lleva puesto un amigo.				
Explicar lo que estás buscando en una tienda si no conoces el nombre.				
Estructurar tus ideas en un texto escrito (en un informe, por ejemplo).				
Interrumpir a alguien para que se calle.				
Dejar un mensaje en un contestador automático.				
Reconocer si una conversación tiene un tono muy familiar, o muy formal…				
Pedirle a alguien, cortésmente, una aclaración porque habla demasiado deprisa.				
Dar tu opinión en una reunión de trabajo.				
Definir una palabra, dando ejemplos de cómo se usa.				

Ahora, de las cosas que has marcado en la tercera columna, selecciona tres y comenta con tu compañero por qué las has escogido.

- A mí, lo que más me interesa es poder dar mi opinión en una reunión de trabajo.
- Pues yo, como soy periodista, necesito saber estructurar las ideas en un texto...

8 Mi portfolio y mi competencia en español

Vamos a imaginar que queremos solicitar una beca de intercambio para estudiar en un país de habla hispana. Para demostrar nuestro nivel de español, además de los certificados que podamos tener, presentaremos muestras de lo que somos capaces de hacer en español, tanto en la lengua oral como en la escrita. El Portfolio Europeo de las Lenguas de cada uno de nosotros va a sernos muy útil.

A

Selecciona dos de las actividades, que has llevado a cabo durante el curso, que mejor reflejen tu dominio del español. Pueden ser tareas de este libro, o bien actividades que has hecho por sugerencias del profesor o por propia iniciativa. Al lado de cada actividad, escribe un breve comentario, de dos líneas, sobre lo que mejor recuerdes de ella (si tuviste que prepararla mucho, por qué te gustó especialmente, si te sentiste seguro o inseguro, etc.). Por ejemplo:

En la unidad 11 participé en un juicio imaginario, intervine como abogada del caso. Participé activamente porque me interesé mucho por el tema y la actividad, y lo había preparado muy a conciencia.

En la unidad dos escribí una descripción de lo que se veía en mi calle. Es un texto que me gusta mucho, porque tuve la sensación de haber escrito algo bonito en español.

B

Escucha ahora a una alumna que habla con su profesora. Haz una lista de todas las cosas que menciona en relación con su dominio del español; consérvala para la actividad siguiente.

C

Trabaja con un compañero. Comentad las anotaciones que habéis hecho en la fase A y, entre los dos, tratad de ampliarlas. La audición que acabáis de realizar en B puede serviros de ayuda.

D

Ahora imaginad que es el grupo entero el que presenta su candidatura para conseguir la beca de intercambio. Se trata de un importante concurso internacional y debéis demostrar lo que sois capaces de hacer. Cada uno elige una de las dos actividades de A, y expone las razones para incluirla en la candidatura del grupo. Dos o tres compañeros actúan de secretarios y hacen la lista de lo que sois capaces de hacer en español.

9 El Portfolio de la clase

Entre todos vamos a confeccionar el Portfolio de la clase. Elegiremos diez de las muestras de actividades presentadas en el ejercicio anterior. Estas compondrán nuestro Portfolio y serán un reflejo del trabajo realizado durante el curso.

El documento debe recoger muestras variadas y realizadas por diferentes personas o por diferentes grupos de trabajo.

¿Qué actividades queréis incluir? Argumentad vuestra decisión.

gente

Consultorio gramatical

Consultorio gramatical

ÍNDICE

6. gente con corazón págs. 140-145

Valorar a personas: **es un/una...**; adjetivo calificativo, etc.Sustantivación del adjetivo: usos de **lo**.
Valorar un periodo: **en aquella época, fue una época/ fueron unos años...**, etc.
Usos del verbo **pasar.**
Subordinadas sustantivas (II): Indicativo/Subjuntivo.
Organizadores y conectores: **en el fondo, por suerte, lo cierto es que**, etc.

7. gente utópica págs. 146-149

Expresar rechazo: **no soporto, me molesta**, etc.
Para intensificar o resaltar un sentimiento: **muchísimo, enormemente; lo que más...; lo que me resulta**, etc.
Expresar deseos: **me gustaría, lo ideal sería**, etc.
Lo de (que)/Eso de (que): aludir a temas.
Garantizar: **en serio, ya lo verás, de verdad/veras.**
Estar **a favor** o **en contra.**
La finalidad (II): **para (que), a fin de/con vistas a (que).**
Ventajas e inconvenientes: **la ventaja/lo bueno/lo malo/... es que...**
Quejarse, protestar: **¡Ya está bien!, es hora de...**, etc.
Verbos con preposición (III).

8. gente y productos págs. 150-155

Formación de palabras (III): sustantivos derivados de verbos.
Posición del adjetivo calificativo.
Expresar causa: **por, debido a, gracias a**, etc.
Relaciones de causa-efecto: **como, dado que, puesto que.**
Contraponer información: construcciones concesivas.
Adverbios acabados en **-mente.**
Organizadores discursivos: **en cuanto a, esto es, por tanto**, etc.
Aludir a un tema ya mencionado.
Verbos con preposición (IV).

9. gente y culturas págs. 156-161

Se, le: verbos con o sin estos pronombres.
Verbos del tipo **gustar:** expresan afecto, sentimiento...
Acciones habituales: **soler; generalmente/normalmente;...**
Impersonalidad: **se** impersonal, **la gente/todo el mundo** y 2ª persona con valor impersonal.
Subordinadas sustantivas (III): Indicativo/Subjuntivo.
Es que.../no es que...
Comparar: **parecerse a, ser parecido a**, etc.
Expresar deseos en despedidas: **que** + Subjuntivo.
Felicitar: **¡Feliz cumpleaños!, ¡Enhorabuena!**, etc.
Conectores discursivos: **en cuanto a, mientras que**, etc.
Verbos con preposición (V).

10. gente y emociones págs. 162-167

Formación de palabras (IV): sustantivos derivados de adjetivos.
Pluscuamperfecto de Subjuntivo.
Condicional compuesto.
Construcciones condicionales (III): situaciones hipotéticas.
Como si.
Ponerse/ponerle.
Hablar de habilidades: **se + me/te/le/nos/os/les + dar, salirle (bien/mal/...), ser un... para.../en...**, etc.
Perífrasis verbales (II).
Circunstancias temporales: sin precisar y precisando.
Verbos y expresiones con preposición (VI).

11. gente justa págs. 168-171

Formación de palabras (V): adjetivos.
El/la/los/las + de: identificar a alguien ya mencionado.
Subordinadas sustantivas (IV): Indicativo/Subjuntivo.
Juicios morales: **está bien/mal, no está bien**, etc.
Usos del Condicional: el futuro en el pasado.
Construcciones condicionales: condicionales con **de.**
Las acciones y sus consecuencias.
Argumentar.
El Gerundio en forma negativa.
Verbos y expresiones con preposición (VII).

FRASES RELATIVAS CON PREPOSICIÓN

En las frases relativas con preposición suelen aparecer los artículos **el/la/los/las/lo** antes del pronombre **que**. Este artículo concuerda en género y en número con la palabra a la que se refiere.

Es **un mueble** **en el que** guardas la ropa.
Es **una cosa** **con la que** puedes preparar zumos.
Son **los amigos** **de los que** te hablé.
Son **esas cosas** **sin las que** no vas nunca a la playa.

- Usamos el artículo **lo** cuando el antecedente es neutro: **algo, esto, eso, aquello, nada.**

Es **algo contra lo que** hemos luchado siempre.
Nada de lo que te dije tiene importancia ahora.

- Cuando el antecedente es un lugar, podemos sustituir **en + el/la/los/las que** por **donde** y **a + el/la/los/las** por **adonde**.

El pueblo **en el que/donde** veranea.
La ciudad **en la que/donde** estuvimos.
Los pueblos **en los que/donde** estuve.
Las ciudades **en las que/donde** estoy.

El pueblo **al que/adonde** viajamos.
La ciudad **a la que/adonde** llegamos.
Los pueblos **a los que/adonde** voy.
Las ciudades **a las que/adonde** vamos.

- Cuando el antecedente es una persona, podemos sustituir **el/la/los/las + que** por **quien/quienes.**

El hombre **del que/de quien** te hablé ayer ha salido en las noticias de la tele.
Las chicas **con las que/con quienes** salimos ayer acaban de llamar.
Los jugadores **de los que/de quienes** se rumorea que han recibido sobornos han sido detenidos.

FORMACIÓN DE PALABRAS (I): DERIVACIÓN POR PREFIJOS

En la derivación, a una palabra simple se le añade una partícula. Si esta va delante de la palabra, es un prefijo, y si va detrás, le llamamos sufijo.
La derivación tiene frecuentemente un origen antiguo:

impulso, extraer, colaborar

Pero también se forman continuamente nuevas palabras por ese procedimiento.

la globalización ⟶ las manifestaciones **anti**globalización
el proyecto de ley ⟶ el **ante**proyecto

- Algunos de los prefijos más frecuentes del español son:

A- (AN-)
abaratar, **a**lejar, **a**cercar,
agramatical, **an**algésico, **an**ovulación, **a**simetría

ANTE-
anteanoche, **ante**ayer, **ante**poner, **ante**pasado

ANTI-
anticiclón, **anti**héroe, **anti**apartheid, **anti**aéreo, **anti**gripal, **anti**arrugas, **anti**sistema

BIEN-
bienhechor, **bien**venido, **bien**intencionado

COM- (CON-/CO-)
compenetrarse, **con**vivir, **co**existir, **co**operar, **co**autor, **co**guionista, **co**rresponsable, **co**lateral

CONTRA-
contraofensiva, **contra**orden, **contra**atacar, **contra**decir, **contra**producente, **contra**indicado

DES/DIS-
desatar, **dis**culpar, **des**orden, **des**confianza, **des**cortés, **des**honesto

EN- (EM-)
encarcelar, **em**barcar, **em**paquetar

ENTRE/INTER -
entreacto, **entre**vías, **inter**dental, **inter**cambiar, **inter**relacionar, **inter**acción, **inter**comunicador, **inter**nacional, **inter**urbano

EX- (1)
ex ministro, **ex** marido, **ex** república

EX- (2)
extraer, **ex**cepción, **ex**celente

IN- (IM-/I-)
incapaz, **in**útil, **im**posible, **i**lógico, **in**comunicación, **in**experiencia

MAL-
malacostumbrar, **mal**vivir, **mal**tratar, **mal**educado, **mal**hablado, **mal**pensado

POS(T)-
posguerra, **pos**franquismo, **pos**moderno, **post**operatorio

PRE-
precocinar, **pre**juzgar, **pre**campaña, **pre**inscripción, **pre**democrático, **pre**autonómico

PRO- (1)
pronombre, **pro**poner, **pro**creador

PRO- (2)
pro amnistía, **pro** enseñanza pública, **pro** abolición de la pena de muerte, **pro** árabe, **pro** gubernamental

RE- (1)
releer, **re**considerar

RE- (2)
rebarato, **re**peinado, **requete**bién

SOBRE-
sobrecargar, **sobre**valorar

SUB-
subgrupo, **sub**comisión, **sub**cultura, **sub**desarrollo, **sub**estimar

SUPER-
superhombre, **super**mercado, **super**poblar, **super**gigante

TRANS- (TRAS-) (1)
transformar, **tráns**fuga, **tras**plantar, **tras**paso, **trans**exual, **trans**alpino, **trans**oceánico, **trans**iberiano

TRAS- (2)
trastienda, **tras**fondo

ULTRA-
ultraderecha, **ultra**mar, **ultra**congelado, **ultra**violeta

FORMACIÓN DE PALABRAS (II): DERIVACIÓN POR SUFIJOS

- Los sufijos apreciativos son los aumentativos, diminutivos y despectivos. Más que un cambio en el tamaño, señalan la actitud del hablante respecto a lo que dice, generalmente tienen un valor afectivo.

Tengo una cas**ita.**
(No quiere decir que sea pequeña, sino que se presenta modestamente.)
Escribió un libr**ito.**
(Puede ser un libro muy grande, pero el hablante le resta valor.)

Los diminutivos más frecuentes son **-ito, -ico, -illo**, que generalmente se aplican a nombres y a adjetivos.

libr**ito**, gord**ita**, chiq**uillo**

En Latinoamérica es frecuente aplicarlas también a otras categorias: adverbios, verbos...

ahor**ita**, mism**ico**, corriend**ico**,

cerq**uita**, pront**ito**, rapid**ito** (Se dicen también en España.)

- Otras formas, como **-uelo, -ucho, -ón, -ote, -ete,** no tienen la misma libertad de derivación y cada una de ellas suele aplicarse solo a determinados nombres o adjetivos. En este caso, no funcionan propiamente como diminutivos, únicamente tienen un valor expresivo.

grandul**lón** - grandul**lona**
grand**ote** - grand**ota**
amigu**ete** - amigu**eta,** regord**ete** - regord**eta**

- Para crear los diminutivos de palabras monosílabas y algunas bisílabas suele intercalarse algún otro infijo entre la raíz y el sufijo.

pez ⟶ pec**ec**ito, pec**ec**illo
pie ⟶ pie**cec**ito, pie**cec**illo
pan ⟶ pan**ec**illo
viejo ⟶ viej**ec**ito
coche ⟶ coch**ec**ito
calle ⟶ call**ec**ita
canción ⟶ cancion**c**ita, cancion**c**illa

!
Atención:
Muchas palabras que terminan en **-illo** y **-ón** no tienen valor apreciativo porque son formas ya lexicalizadas que designan a otros objetos.

bocad**illo** (no es una forma de referirse a un bocado)
bomb**illa** (no es una forma de referirse a una bomba)

banqu**illo,** barb**illa**, cuch**illo**, cabec**illa**, col**illa**, pas**illo**, pal**illo**, sombr**illa**, ventan**illa**...
caj**ón**, camis**ón,** cart**ón**, sal**ón**, sill**ón**, tap**ón**...

EXPRESIONES FIJAS Y LOCUCIONES

Existen combinaciones de palabras que en su conjunto equivalen a un nombre, a un verbo, a un adjetivo o a un adverbio.

ADVERBIOS
a duras penas (=difícilmente)
cada dos por tres (=frecuentemente)

VERBOS
dar la lata (=molestar)
salirse con la suya (=conseguir alguien sus propósitos)
echar a perder (=estropear)

NOMBRES
cabello de ángel (=un tipo de relleno en los pasteles)
mesa redonda (=una tertulia de expertos)

ADJETIVOS
chapado a la antigua (=de ideas y de formas de comportamiento anticuado)
hecho y derecho (=una persona madura)

COLOCACIONES

Son asociaciones entre dos tipos de palabras que se establecen con preferencia a otras opciones.

NOMBRE	+	*VERBO*
las amistades:		**se hacen, se pierden, se entablan**
un accidente:		**se produce, tiene lugar**
una decisión:		**se toma, se adopta**
un instrumento (piano, guitarra...):		**se toca**

NOMBRE	+	*ADJETIVO*
amigo:		**gran, inseparable**
ruido:		**ensordecedor, infernal**

NOMBRE CONTABLE + **de**	+	*NOMBRE NO CONTABLE*
una copa de		**vino, cava, etc.**
un pastilla de		**jabón**
una loncha/un taco de		**jamón**
un chorro/una cucharada de		**aceite**

NOMBRES INDIVIDUALES Y COLECTIVOS

NOMBRE INDIVIDUAL	*NOMBRE COLECTIVO*
animales	**fauna**
ovejas, cabras	**rebaño**
lobos, elefantes, etc.	**manada**
pájaros	**bandada**
estrellas	**constelación**
islas	**archipiélago**
barcos, aviones, camiones, etc.	**flota**
músicos	**banda, grupo**
abejas	**enjambre**
plantas	**flora**
uvas	**racimo**
...	

DEFINIR

En español tenemos diversos recursos para definir.

Es una cosa	**que es como** un disco **pero** más pequeño.	(= CD)
	que se parece al limón **pero** es más verde.	(= lima)
	que suele ser de color verde por fuera.	(= pera)
	que la utilizas si/cuando fríes carne.	(= sartén)
	con la que haces deporte.	(= bicicleta)
	que sirve para lavar la ropa.	(= detergente)
	que está en el cuarto de baño.	(= ducha)
	que es una especie de verdura rizada.	(= escarola)

Además, utilizamos una serie de palabras generales que sirven para definir cosas muy distintas.

Es	una persona	un animal	una planta
	un material	un lugar/sitio	un producto
	una sustancia	una parte de	una cosa
	un objeto	un aparato	un utensilio
	una herramienta	un recipiente	un instrumento
	...		

En los diccionarios y en otros textos técnicos las definiciones adoptan un estilo propio.

Limpieza. **Calidad** de limpio. **Acción** de limpiar.
Soluble. **Apto** para disolver.
Perro. **Mamífero** doméstico de la familia de los cánidos...
Hermosura. **Cualidad** de hermoso...
Odio. **Sentimiento** violento de repulsión hacia alguien...
Heroico, -a. **Se dice de** quien se comporta heroicamente...
Marfil. **Materia** de los colmillos de los elefantes.

DISTINCIÓN DE REGISTRO

Aprender vocabulario comporta saber en qué situación es apropiado elegir una u otra entre varias palabras que significan lo mismo. Es lo que se llama cambio de registro. He aquí algunos ejemplos de cambio de registro:

normal - elevado (literario):	el mundo	el orbe
normal - culto:	la muerte	el fallecimiento/la defunción
normal - técnico:	un medicamento	un fármaco
normal - coloquial:	ser muy tozudo	ser muy cabezón
normal - vulgar:	orinar	mear

!

Atención:
Existe un tipo de palabra, las palabrotas (coloquialmente llamadas tacos) que consisten generalmente en nombres o verbos vulgares referidos a los órganos y a las funciones sexuales (y, más generalmente, fisiológicos). En muchos lugares de España este tipo de palabras son cada vez más aceptadas socialmente. En círculos de amigos es muy frecuente su uso en forma de interjecciones para expresar sorpresa, irritación u otros sentimientos. Pueden llegar a leerse en entrevistas y columnas de prensa.

coño, joder, estar jodido, ser un coñazo, ser cojonudo, mierda, cagarla...

Otro ámbito de los tacos es el de términos de la religión, aunque estos cada vez son menos habituales. Los más frecuentes son:

hostia, hostiazo

Algunas expresiones con términos religiosos no tienen carácter de taco.

Jesús, Virgen Santa, Dios mío...

HABLAR DEL TIEMPO

Hace (mucho) sol/viento/calor/frío.
fresco.
(muy) buen/mal tiempo.
(muy) bueno.
un tiempo horrible/buenísimo/agradable/...
un calor/frío horrible/inaguantable/tremendo/...

Hay niebla.
Está lloviendo/nevando/granizando/helando/...
Está nublado/despejado/...
Es un día lluvioso/gris/muy

EL MODO DE HACER ALGO

Las formas más frecuentes de referirnos al modo de realizarse una acción son:

VERBO + ADJETIVO CALIFICATIVO
Juana **llegó** del viaje **contenta.**

VERBO + GERUNDIO
Las niñas llegaron a la casa **temblando.**

VERBO + ADVERBIO
Mis hijas **bailan muy bien.**

VERBO + SIN + INFINITIVO
María lo **miró sin decirle** nada y se fue.

- Algunos adjetivos funcionan como adverbios.

Sigue **recto/directo.** Habla **bajo/alto/fuerte.** Lo explica **claro.**
Conduce **rápido/lento.** Hizo las pruebas **regular.** Me mira **raro.**

Como se refieren al verbo, no concuerdan con el sujeto: son invariables.

Ana habla muy **alto.** Iván habla muy **alto.** Los niños hablan muy **alto.**

- Los adverbios en **-mente** se forman a partir de los adjetivos calificativos. Algunos adjetivos pueden derivar en adverbios.

FORMA FEMENINO DEL ADJETIVO + **-mente.**
rápida → **rápidamente** silenciosa → **silenciosamente**
tranquila → **tranquilamente** amable → **amablemente**

Cuando el adjetivo lleva acento, el adverbio lo mantiene en la escritura. En la pronunciación hay dos sílabas tónicas.

enérgico enérgicamente estúpido estúpidamente

!
Atención:
Algunos adverbios no significan lo mismo que el adjetivo del que proceden.

seguramente ≠ de forma segura **efectivamente** ≠ de forma efectiva

Suelen utilizarse para matizar o para caracterizar la propia opinión de quien habla (A) y no como complementos circunstanciales del verbo (B). Es muy frecuente que sean la primera palabra de la frase.

(A) **Sinceramente,** no veo por qué tienes que ir tú. (= te lo digo sinceramente)
Realmente es difícil saber qué se propone. (= lo pienso realmente)
Ciertamente, estaba lejos. (= admito que es cierto)
(B) En aquella ocasión lo dijo **sinceramente.**

- El Gerundio permite presentar dos acciones que se producen simultáneamente.

Salió de clase gritando. (= salir + gritar)

! Atención:
Los pronombres, en estas construcciones, van siempre detrás del Gerundio.

*Al principio de la obra, el actor sale medio desnudo, poniéndo**se** un albornoz.*
*Se relajó dándo**se** un baño caliente.*
*¿Que cómo metí las cajas en el ascensor? Pues empujándo**las**.*

- Las construcciones con Gerundio también pueden adoptar otros valores o significados, como causa o condición.

***Estudiando** tan poco, es normal que le hayan suspendido.*
le van a suspender.

- La construcción **sin** + Infinitivo presenta la negación de una acción.

*Estaba tumbado en la cama **sin moverse**.* (= no se movía)
*Estuvo **sin hablarle** una semana.* (= no le habló)

! Atención:
Los pronombres en esta construcción van siempre tras el Infinitivo.

Salió de la oficina sin ~~me~~ dirigir la palabra.

*Salió de la oficina sin dirigir**me** la palabra.*

- Esta construcción puede tener también otros valores: condicional, causal, concesivo, etc.

***Sin saber** inglés es difícil encontrar trabajo en la hostelería.*
***Sin saber** inglés lo admitieron de guía turístico.*

USOS DE ESTAR: POSTURAS

Cuando nos referimos a una postura, como sucede cuando situamos algo en el espacio, usamos el verbo **estar**.

*Manolo **estaba de pie** junto a la puerta pero no me dijo nada.*
***Estuve sentada** en el parque una horita y luego me fui a dar una vuelta.*
*Ahora **está tumbado** en su habitación. Estaba muy cansado.*
*Cuando **estoy agachado**, me duele la espalda.*

VERBOS PRONOMINALES

- Muchos verbos pueden funcionar con la serie de pronombres **me/te/se/nos/os/se** o sin ella.

CON **me/te/se/nos/os/se** *LA ACCIÓN* **NO** *RECAE SOBRE OTRA COSA O PERSONA*	*SIN PRONOMBRES* *LA ACCIÓN RECAE SOBRE OTRA COSA O PERSONA*
SENTARSE **Me senté** a tomar un café en un bar.	SENTAR **Sienta** al niño en su sillita, por favor.
VESTIRSE ¿**Te has vestido** ya?	VESTIR ¿**Has vestido** ya al niño?
DESNUDARSE Miguelito, no **te desnudes,** que hace frío.	DESNUDAR Voy a **desnudar** a Miguelito, que tiene que bañarse.
PARARSE No **se paró** en el semáforo.	PARAR La policía **ha parado** a varios coches en ese cruce.
ACERCARSE **Acércate** al fuego, anda.	ACERCAR **Acerca** la olla al fuego. Así se calienta la sopa.
ALEJARSE Entonces el tipo **se alejó** y, por fin, nos dejó en paz.	ALEJAR **Aleja** un poco esa chaqueta del fuego, que se puede quemar.
MOVERSE No **os mováis** de aquí hasta que yo os lo diga.	MOVER Este tipo de negocio **mueve** mucho dinero.

- Con otros verbos que funcionan con la serie **me/te/se/nos/os/se** la acción puede recaer sobre algo y, al mismo tiempo, sobre el propio sujeto. Son de este tipo aquellos verbos que expresan acciones sobre una parte del cuerpo o de la indumentaria.

LAVARSE la cara	**Lávate** la cara antes de salir.
MANCHARSE las manos	¡**Se ha manchado** las manos de tinta!
PONERSE la ropa	**Póngase** la ropa.
QUITARSE la camiseta	¿Por qué te **has quitado** la camiseta?
CEPILLARSE el pelo	**Cepíllate** el pelo antes de acostarte.

- Un caso especial es el verbo **ir**.

CON LOS PRONOMBRES **me/te/se/nos/os/se**	*SIN PRONOMBRES*
SE *RESALTA LA IDEA DE QUE SE DEJA UN LUGAR.* **Me voy**, hasta luego. **Me voy** al cine. **Se fue** a vivir a Canadá.	*SOLO SE INFORMA DEL DESTINO DE UN MOVIMIENTO* **Voy** al mercado. **Fue** unos días al Canadá de vacaciones.

Funcionan de forma semejante **venir/venirse, subir/subirse, bajar/bajarse.**

USOS DE **PONER**

El verbo **poner** tiene significados y usos diferentes.

COLOCAR	PONER **Pon** la maleta encima de la cama, por favor.
INICIAR UNA ACCIÓN	PONERSE A + *INFINITIVO* **Me puse a estudiar** italiano el año pasado.
CON ROPA, ZAPATOS, ETC.	PONERSE (CON **me/te/se/nos/os/se**) No **te pongas** ese sombrero. Es horrible.
CON MOVIMIENTOS QUE HACE EL PROPIO SUJETO **(de pie/de rodillas/boca arriba/...)**	PONERSE (CON **me/te/se/nos/os/se**) **Ponte** de pie un momento, por favor.
PARA EXPRESAR CAMBIOS DE ESTADOS O DE SENTIMIENTOS **(nervioso/triste/contento/...)**	PONERSE (CON **me/te/se/nos/os/se**) Los dos **se pusieron** muy nerviosos cuando nos vieron. **Te has puesto** muy guapa. ¿Adónde vas?

!

Atención:
Cuando existe el verbo correspondiente, no se puede usar esta construcción.

~~ponerse enfadado~~	**enfadarse**
~~ponerse preocupado~~	**preocuparse**
~~ponerse asustado~~	**asustarse**
~~ponerse asombrado~~	**asombrarse**
~~ponerse desconcertado~~	**desconcertarse**

USOS DE **QUEDARSE**

QUEDARSE + *GERUNDIO* / *ADJETIVO* / *PARTICIPIO*

- Estas construcciones permiten presentar un estado o una acción como resultado de un acontecimiento anterior.

Se quedó mirándome como si viera a un fantasma.
Me he quedado triste con lo que me has contado de Inés.
Se quedó muy **sorprendido** cuando le dije que te habías casado.

- También se combina con muchas expresiones.

QUEDARSE
hecho/a polvo.
helado/a.
de piedra.
boquiabierto/a.
muerto/a.

- Otro uso de **quedar**, con la serie de pronombres **me/te/le/nos/os/les,** permite valorar el resultado final de lo que ha realizado alguien.

  Ha hecho su primera página web y **le ha quedado** muy bien.

DESCRIBIR EL ASPECTO FÍSICO

Es rubio/morena/pelirrojo/canosa/...
alto/baja/de mediana estatura/...
gordo/delgada/flaco/...
Es más bien alta/gordito/...
No es ni alto **ni** bajo/**ni** gordo **ni** flaco.

! Atención:
Usamos **estar** cuando lo que se describe se percibe como algo pasajero o como el resultado de una evolución.

¡Qué moreno/alto/delgado **está**!

¡Qué bajita es! ~~¡Qué bajita **está**!~~

Tiene los ojos azules/grandes/muy bonitos/...
la boca grande/la nariz respingona/...
el pelo rubio/blanco/rizado/...

Lleva bigote/barba/perilla/...
el pelo largo/corto/teñido/...
ropa muy bonita/un traje gris/...

MARCADORES TEMPORALES

- Una acción que empieza brusca o inesperadamente.

  DE REPENTE/DE PRONTO/DE GOLPE
  Estaba él tranquilamente en el sofá y **de repente** saltaron todos los cristales de las ventanas.

- Acciones sucesivas.

  ENTONCES
  Salí de casa y **entonces** lo vi esperándome en la esquina.

  INMEDIATAMENTE
  Teresa llegó muy seria. **Inmediatamente** pensé que pasaba algo grave.

- Acciones que se desarrollan paralelamente.

  Y, MIENTRAS,
  Yo preparo la cena **y, mientras,** tú vas a comprar vino, ¿vale?

Y, AL MISMO TIEMPO,...
Justina trabaja en el aeropuerto **y, al mismo tiempo**, hace de contable en otra empresa.

ENTONCES (= el periodo de tiempo mencionado)
Estuve dos años en Nueva York. **Entonces**, los niños eran pequeños y nosotros muy jóvenes.

- Acciones puntuales que suceden en el mismo momento.

AL + *INFINITIVO*
Al entrar en casa, me di cuenta de que había pasado algo raro.

- Otros usos: a veces **al** + Infinitivo se usa para expresar la causa.

Al estar enfermo, no pude ir a la reunión del jueves.

PARTÍCULAS ESPACIALES

Pon la caja **encima de** la mesa, por favor.
Mi casa está **cerca de** una parada de metro.
El cuadro quedaría bien **al lado de** la lámpara.
Verás un estanco **frente a** la farmacia.
Está **enfrente del** mar.
Deja los abrigos **sobre** el sofá.
Se sentó **junto a** su novio.
El cine está **detrás de**l ayuntamiento.

TRANSMITIR ÓRDENES

- Pedirle a alguien que transmita una orden.

VERBO DECLARATIVO	+	que	+	*PRESENTE DE SUBJUNTIVO*
Dile				
Dígale				**venga.**
		que		**se vaya.**
¿Puedes decirle				
¿Le dirás				
Ø		¡Que		**se vaya!**
Ø		¡Que		no **venga!**

- Transmitir una orden o una petición.

VERBO DECLARATIVO	+	que	+	*PRESENTE DE SUBJUNTIVO*
Me ha dicho				**me quede** un rato con ella.
Le he pedido		**que**		no **vuelva** nunca por allí.
Quiere				**salga** pronto de trabajar.

- En muchas ocasiones, en un estilo coloquial transmitimos las palabras sin transformar nada, como si escenificáramos lo que se dijo o se va a decir, lo que nos permite introducir muchos matices con la entonación. No solo queremos transmitir el contenido, sino que además queremos aludir a la forma en la que se hace.

Va ella y le dice a su jefe: "Lo dejo. No pienso trabajar más aquí".

AÑOS Y SIGLOS

- En español, nos referimos a los siglos con números cardinales.

el siglo X (se pronuncia: **el siglo diez**) **el siglo** ~~décimo~~

- En la lengua escrita, los siglos se escriben en cifras romanas.

Es una iglesia **del siglo XIII**. Se terminó de construir en el año 1267.
Clarín es un novelista español muy importante **del siglo XIX.**
Solucionar el problema del agua es un desafío esencial para **el siglo XXI.**

- Para situar un hecho en un año.

En 1936 terminó la Guerra Civil española. *SIN ARTÍCULO*
En el 36 terminó la Guerra Civil española. *CON ARTÍCULO*

El 12 de octubre **de** 1492 Colón llegó a América.

- Las abreviaturas **a. C.** y **d. C.** significan, respectivamente, "antes de Cristo" y "después de Cristo". Esto último se señala únicamente si la fecha puede ser objeto de confusión por la proximidad al inicio de la era cristiana.

Nació en **el año 45 d. C.**

- Para referirnos a las décadas de un determinado siglo.

A finales de **los sesenta** se desarrolló el movimiento hippie.
Me encanta la música de **los 80.**

- Las décadas, siempre en singular.

los cuarenta los ~~sesentas~~, los ~~noventas~~...

- Para referirnos a un periodo de forma aproximada.

A principios/mediados/finales de los noventa/los años veinte/el siglo XX...

REFERIRSE A MOMENTOS Y A ÉPOCAS YA MENCIONADOS

En los relatos, cuando queremos hablar de momentos o de épocas que ya se han mencionado, utilizamos una serie de conectores.

En esa época
En aquella época (= en la época mencionada)

En esos momentos/meses/años/...
En aquellos momentos/meses/años/... (= en los momentos, meses o años mencionados)

En ese momento
En aquel momento (= en el momento mencionado)
Entonces

~~En~~ **aquel día/verano/año/...**
esa primavera/semana/...

En el momento
- **de** su muerte, no sufrió.
- **del** nacimiento de su hijo, se puso muy nervioso.
- **de** decidir su futuro, vio claro que debía marcharsea París.
- **en el que** lo vio, se dio cuenta de que lo quería mucho.

■ Cuando queremos insistir en que dos acciones se sitúan en el mismo periodo o momento.

En esa misma época
Ese mismo año — empezaron las huelgas de trabajadores.
Ese mismo día

RELACIONAR MOMENTOS DEL PASADO

■ A veces, en un relato, nos interesa hacer hincapié en el tiempo que separa dos acciones.

Se casaron en 1980 **(y)**
- **al cabo de** tres años emigraron a Brasil.
- dos años **más tarde** tuvieron su primer hijo.
- **poco después** ella cambió de trabajo.
- **a las** dos semanas se divorciaron.

A las dos semanas **de** casarse, se divorciaron.
Después de casarse, se fue a Francia.

■ En registros cultos.

Tras ser nombrada embajadora y destinada a la India, empezó a escribir.

■ A veces, en el relato, hacemos un *flash back*, una vuelta cronológica hacia el pasado. Recuerda que entonces solemos usar el Pretérito Pluscuamperfecto.

Antes de casarse con Luisa ya **había estado** casado dos veces.

ETAPAS DE LA VIDA

En su juventud fue aviador.

De niño
De joven — tuvo que irse de su país.
De mayor

A los 25 **años** decidió abandonar su carrera de músico. (= cuando tenía 25 años)

DURACIÓN

Durante
- **muchos años/unos meses/unos días/...**
- **un tiempo/mucho tiempo/...**
- **una temporada**

— tuvo problemas económicos.

(Durante) toda su vida tuvo problemas económicos.

PERÍFRASIS VERBALES (I)

- Interrupción de una acción.

DEJAR DE + *INFINITIVO* Tuvo que **dejar de** pint**ar** a causa de una enfermedad.

- Final de un proceso que se ha cumplido.

TERMINAR DE + *INFINITIVO* **Terminó de** trabaj**ar** a las seis.

- Inicio de una acción.

EMPEZAR / COMENZAR A + *INFINITIVO* **Empezó a** trabaj**ar** muy joven.

A + *INFINITIVO* El abuelo **comienza a** ten**er** problemas de salud.

PONERSE A + *INFINITIVO* **Se puso a** recog**er** la ropa cuando vio que llovía.

- Repetición de una acción.

VOLVER A + *INFINITIVO* Un año después del divorcio, **se volvió a** cas**ar.**

- Continuación de una acción.

SEGUIR + *GERUNDIO* **Siguió** escrib**iendo** hasta el día de su muerte.

CONTINUAR + *GERUNDIO* ¿**Has continuado** y**endo** al gimnasio o lo has dejado?

Y, en negativo.

SEGUIR sin + *INFINITIVO* **Siguió sin** habl**ar**nos durante todo el verano.

- Prolongación de una acción.

LLEVAR + *GERUNDIO* **Lleva** tres años escrib**iendo** una novela.

LLEVAR + *PARTICIPIO* **Llevaban** cas**ados** tres años cuando nació su hijo.

Y, en negativo.

LLEVAR + sin + *INFINITIVO* **Lleva** todo el día **sin** tom**ar** nada.

- Resultado negativo de un proceso.

ACABAR / TERMINAR + *GERUNDIO* Su novia **terminó / acabó** dej**ándo**lo.

- Mejora en la profesión o el estatus.

LLEGAR A (SER) + *NOMBRE* Era de origen humilde pero **llegó a ser** ministro.

- Acción que se presenta como un proceso gradual.

IR + *GERUNDIO* **Fue** descubr**iendo** con el tiempo que aquel trabajo no le interesaba.

■ Futuro inminente o que no llega a cumplirse.

ESTAR A PUNTO DE + *INFINITIVO*
Cuando nací yo, **estaba a punto de** estall**ar** la guerra.
Estuvimos a punto de mori**r** en un accidente de tren.

!
Atención:
Cuando estas construcciones se combinan con pronombres, estos van delante del verbo conjugado o detrás de la forma no conjugada (Infinitivo o Gerundio), pero nunca en otra posición y siempre juntos. En la lengua oral, es más frecuente colocarlos detrás del verbo.

Estuvieron a punto de dar**le** el Premio Planeta.
● ¿EL Premio Planeta?
○ **Se lo** estuvieron a punto de dar. Estuvieron a punto de dár**selo**.

Fue dándo**se** cuenta poco a poco de que la música no era lo suyo.
Se fue dando cuenta poco a poco de que la música no era lo suyo.

EXPRESAR TRANSFORMACIONES

CAMBIAR DE	**Cambió de** trabajo/pareja/casa/actitud/manera de pensar/planes/...	
CONVERTIRSE EN	**Se convirtió en** un mito/un héroe/una persona muy especial/...	
HACERSE	**Se hizo**	rico/pobre/millonario/...
		famosa/muy conocido/...
		budista/anarquista/del Partido Liberal/...
		mayor/viejo/muy alta/guapo/...
PONERSE	**Se puso**	muy guapo/muy gordo/muy enferma/...
		furioso/enfadadísimo/nervioso/colorado/...
QUEDARSE	**Se quedó**	ciego/sordo/inválido/...
VOLVERSE	**Se volvió**	muy introvertido/un poco raro/más amable/...

DATOS BIOGRÁFICOS

■ Identificar a una persona en la Historia.

Julio Cortázar **fue** un escritor muy importante para la literatura del siglo XX.
Juan Sebastián Elcano **es** el primer navegante que da la vuelta al mundo.

■ Aportar otros datos: origen, residencia, profesión, estado civil, fallecimiento, etc.

Pablo Picasso **nació en** Málaga **en** 1881.
Estudió Bellas Artes **en** Barcelona.
A los veinte años **se fue a** París.
Trabajó incansablemente **hasta** su muerte, a los 92 años.
Estuvo casado con varias mujeres.
Se casó varias veces.
Se separó de Françoise Gilot en 1935.
Tuvo cuatro hijos.
En 1948 **se instaló en** el sur de Francia.
Murió en Francia **en** 1973.

IMPERFECTO E INDEFINIDO

Recuerda que en un relato nos referimos a acciones y a momentos o periodos en los que estos ocurren. A lo largo del relato, vamos eligiendo nuestro punto de vista. Es decir, la elección entre Imperfecto o Indefinido no depende de cómo fue la realidad sino de cómo el hablante la quiere presentar.

- El Imperfecto permite (en español, como en las otras lenguas románicas: francés, italiano, rumano, etc.) presentar una acción en su desarrollo.

  Permite describir lo que sucede en una etapa o en un momento mencionado, como si viéramos la escena congelada, sin considerar sus límites.

  En algunos casos el Pretérito Pluscuamperfecto desempeña una función parecida.

  Usamos, pues, el Imperfecto para:

REFERIRNOS A CUALIDADES DE ALGO O DE ALGUIEN EN UN PERIODO YA FIJADO	De niña, **era** rubia y **llevaba** el pelo hasta la cintura.
REFERIRNOS A ACCIONES QUE SITÚAN OTRA ACCIÓN, QUE PRESENTAN EL "ESCENARIO" DE LA ACCIÓN QUE NOS INTERESA REALMENTE CONTAR	**Eran** tiempos difíciles, Europa **estaba** en guerra y él decidió emigrar a Argentina. Eran tiempos difíciles, el país **había sufrido** una guerra y en ella **había muerto** casi toda su familia; se **encontraba** solo...
*DESCRIBIR LAS ACCIONES QUE SE PRODUCEN **REPETIDAMENTE, HABITUALMENTE** EN UN PERIODO YA ESTABLECIDO*	Yo pasé mi época de estudiante en Madrid. En aquella época **hacía** mucho deporte y **estudiaba** como un loco, pero **salía** todas las noches. De niños, **habíamos jugado** mucho con nuestros vecinos.

- Cuando lo que nos interesa es informar de la cantidad de tiempo que dura una acción, o señalar su límite, o hablar del número de veces que ha ocurrido, no se usa el Imperfecto. Es decir, con expresiones temporales que delimitan un período se utiliza siempre el Indefinido o el Perfecto.

Se casó cinco veces.
Pintó incansablemente hasta su muerte.
Estuvo diez años en EEUU.
Ha trabajado mucho toda su vida.
Ha vivido siempre en México.

~~**Se casaba** cinco veces.~~
~~**Pintaba** incansablemente hasta su muerte.~~
~~**Estaba** diez años en EEUU.~~
~~**Trabajaba** toda su vida.~~
~~**Vivía** siempre en México.~~

REBATIR UNA VALORACIÓN INTENSIFICADA

No es/son tan + *ADJETIVO* + **como** + *VERBO*
La obra de González **no es tan original como se ha dicho.**

No + *VERBO* + **tanto/tanta/tantos/tantas** + *SUSTANTIVO* + **como** + *VERBO*
No hizo tantas cosas como tú **dices**.

No + *VERBO* + **tanto como** + *VERBO*
No trabajó tanto como tú **crees**.

Más + *ADJETIVO* + **de lo que** + *VERBO*
Es **más interesante de lo que parece**.
pensaba.

• Es **muy** bueno/a.	• Pintó **mucho.**	• Escribió **muchos** libros.	• **Tiene** muchas **amigas.**
○ **¡No tanto!**	○ **¡No tanto!**	○ **¡No tantos!**	○ **¡No tantas!**

RELATOS EN REGISTRO FORMAL

■ En textos de tipo científico, a menudo, se relatan los hechos históricos en Presente de Indicativo (Presente histórico).

Entre 1804 y 1828 **proclaman** su independencia una docena de estados americanos. El primero en hacerlo **es** Haití, tras una sangrienta insurrección de esclavos que **pone** fin al dominio francés...

■ En este tipo de textos, son frecuentes las construcciones pasivas, que en español se usan exclusivamente en los registros formales (prensa, texto científico, etc.).

VERBO **SER**	*PARTICIPIO QUE CONCUERDA CON EL SUJETO*
El detenido **ha sido**	acusad**o** de tráfico de estupefacientes **por** el fiscal.
La nueva ley **fue**	aprobad**a** por amplia mayoría.
Los detenidos **serán**	juzgad**os** esta semana.

■ En un registro culto, como el de los textos históricos (enciclopedias, artículos, manuales, etc.), es habitual elidir los verbos **ser** o **estar** y, con ellos, las partículas que explican la relación con la oración principal.

Acusada de conspirar, es condenada a varios años de cárcel.
(= porque estaba acusada)

Descubierto por sus vigilantes, es conducido de nuevo a la cárcel.
(= al ser descubierto)

Hijo de campesinos, fue consciente siempre de la injusticia que reinaba en su país.
(= como era hijo de campesinos)

Convencido de que tenía que comprometerse, se hizo del Partido Liberal.
(= como estaba convencido)

USOS DEL ARTÍCULO **LO**

Para hacer valoraciones, dar consejos o establecer prioridades.

Lo + *ADJETIVO* **Lo interesante** Lo + *SUPERLATIVO* **Lo mejor** Lo + **que** + *VERBO* **Lo que me gusta**	+ **es** tener buenos amigos.

! Atención:
El adjetivo siempre va en masculino singular.
Lo admirable/malo/extraño es que no te guste la televisión.

- **Lo** + superlativo + **(de).**

Lo más urgente es reservar los billetes de avión.
(= la cosa, el aspecto más urgente)
Lo menos importante es dónde dormimos.
(= la cosa, el aspecto menos importante)
Lo mejor del viaje fue el paisaje.
(= la cosa, el aspecto mejor)
Lo peor de esa región es el clima. Hace un calor horrible.
(= la cosa, el aspecto peor)

- **Lo** + adjetivo + **(de).**

Lo primero	es ir a recoger los niños a la escuela.
Lo bonito de	esta historia es que termina bien.
Lo difícil	es acertar a la primera.

EXPRESAR DIFERENTES GRADOS DE CERTEZA

Con toda seguridad **Seguro que** **Seguramente** **Probablemente** **Posiblemente** **A lo mejor** **Igual** **Quizá(s)** **Tal vez**	*INDICATIVO* **estaré**	en Madrid hasta el día 19.
Lo más probable es que **Quizá(s)** **Tal vez** **Puede que** **No creo que** **Posiblemente**	*SUBJUNTIVO* **esté**	en Madrid hasta el día 19.

■ Para cosas que creemos que van a suceder pero que no deseamos que sucedan.

INDICATIVO
Me temo que tendré que ir a Madrid el día 19.

■ **Igual**, muy frecuente en la lengua oral, permite presentar algo señalando que es poco probable, pero que es una posibilidad que se debe considerar.

¡Qué raro! Son las diez y no han llamado. **Igual** les ha pasado algo.

■ Para expresar hipótesis sobre el momento actual, usamos también el Futuro.

A esta hora **está** en casa. (= lo sé, lo afirmo)	A esta hora **estará** en casa. (= hago una hipótesis)
¿Dónde **está** Daniel? (= pienso que mi interlocutor tiene la información)	¿Dónde **estará** Daniel? (= presupongo que mi interlocutor no tiene información segura y le invito a hacer una hipótesis)

Cuando la hipótesis es sobre una acción ya cumplida (lo que correspondería a un Pretérito Perfecto), se usa el Futuro Imperfecto de Indicativo.

Habrá ido a ver a sus padres.	(= probablemente ha ido a ver a sus padres)
¿**Habrá perdido** el avión?	(= ¿crees que ha perdido el avión?)

■ En muchas ocasiones se combinan varios de estos recursos.

• **Seguramente habrá ido** a ver a sus padres. ○ Sí, **probablemente**.

IMPERFECTO DE SUBJUNTIVO

■ Existen dos formas para el Imperfecto de Subjuntivo. Ambas se forman a partir del Pretérito Indefinido de Indicativo.

3ª PERSONA DEL PLURAL DEL INDEFINIDO, SIN -RON	+	*TERMINACIONES*	
		-ra	-se
hicie~~ron~~		-ras	-ses
		-ra	-se
estuvie~~ron~~		ramos	-semos
		-rais	-seis
tuvie~~ron~~		-ran	-sen

ESTAR		SER/IR	
estuviera	estuviese	fuera	fuese
estuvieras	estuvieses	fueras	fueses
estuviera	estuviese	fuera	fuese
estuviéramos	estuviésemos	fuéramos	fuésemos
estuvierais	estuvieseis	fuerais	fueseis
estuvieran	estuviesen	fueran	fuesen

■ Indefinidos irregulares de uso muy frecuente a partir de los cuales se forma este tiempo.

dijeron →	dijera/dijese
pidieron →	pidiera/pidiese
quisieron →	quisiera/quisiese
hicieron →	hiciera/hiciese
vinieron →	viniera/viniese
pudieron →	pudiera/pudiese
supieron →	supiera/supiese
tuvieron →	tuviera/tuviese

! Atención:
Las dos formas (en **–ra** y en **-se**) se usan indistintamente. Existen algunas excepciones; por ejemplo, no se usa la forma en **–se** de **querer** cuando este tiempo sirve para peticiones de cortesía o para expresar deseo.

Quisiera / ~~Quisiese~~ unos calcetines de caballero negros.

¡Quién **pudiera** / ~~pudiese~~ estar ahora tomando el sol en el Caribe!

CONSTRUCCIONES CONDICIONALES (I)

INDICATIVO — *INDICATIVO*
Iremos en barco **si** el precio **es** razonable. (= creo que puede ser razonable)

CONDICIONAL — *SUBJUNTIVO*
Iríamos en barco **si** el precio **fuera** razonable. (= creo que no será razonable)
(= no es razonable y no iremos en barco)

! Atención:
La partícula condicional **si** nunca se combina ni con Futuro ni con Condicional.

Si ~~será~~... Si ~~habrá sido~~... Si ~~sería~~... Si ~~habría sido~~...

■ Existen numerosas partículas y construcciones condicionales. Todas (excepto **si**) se construyen con Subjuntivo.

			PRESENTE DE SUBJUNTIVO
Iremos / **Vamos a ir**	en barco	**siempre y cuando** el precio	**sea** razonable.
		en el caso de que	**haya** billetes.
		a no ser que	**haya** huelga.

Vamos a ir en barco ~~si haya~~ billetes.

Si queremos presentar la condicional como imposible o poco probable:

CONDICIONAL		*IMPERFECTO DE SUBJUNTIVO*
Iríamos en barco	**siempre y cuando** el precio	**fuera** razonable.
	en el caso de que	**hubiera** billetes.
	a no ser que	**hubiera** huelga.

DEPENDE DE..., SEGÚN...

• ¿Adónde vais de vacaciones?

	SUSTANTIVO
○ **Según/Depende de**	el tiempo/el trabajo/...
	Pamela/las niñas/...

▪ Pues yo todavía no lo sé,

	PRESENTE DE SUBJUNTIVO
	el tiempo que **haga**.
depende de/según	los días que **tenga** libres.
	lo que **diga** Pamela.
	cuándo me las **den**.
depende de	cómo **vaya** la operación de mi hija.
	dónde **vayan** mis amigos.

CIRCUNSTANCIAS EVENTUALES

Llevaremos la tienda de campaña

PRESENTE DE INDICATIVO
por si acaso.
por si no **encontramos** hotel.

PRESENTE DE SUBJUNTIVO
no vaya a ser que los hoteles **estén** completos.
no sea que no **encontremos** habitación.

LA FINALIDAD (I): **PARA/PARA QUE**

El segundo sujeto es el mismo. ——→ *INFINITIVO*

Iremos en el 4x4 **para** poder **pasar** por todo tipo de caminos.
(nosotros) = (nosotros)

El segundo sujeto **no** es el mismo o **no** está claro por contexto. → *SUBJUNTIVO*

Enciende los faros **para que** te **vean**.
(tú) ≠ (los demás)

EXPRESAR RESIGNACIÓN

Si no hay más remedio,
Me temo que
No veo otra salida,
¡Qué le vamos a hacer!
} nos quedaremos aquí.

Habrá que
No habrá más remedio que
Tendremos que
} cambiar la ruta.

RELACIONES TEMPORALES EN EL FUTURO

Acciones Sucesivas.

Cuando termine de trabajar,
Cuando haya sacado la tarjeta de embarque,
Cuando llegue a casa,
} te llamaré

Suceción inmediata.

En cuanto
Tan pronto como
llegue, te llamaré.

Cuando llegues, verás el puente nuevo.

Límite en el tiempo.

	hasta las diez/enero/el día 12/...		
Estaremos allí	**hasta cansarnos.**		
(nosotros)	=	(nosotros)	(el sujeto es el mismo)
Estaremos allí	**hasta que vengan** Laura y Fede.		
(nosotros)	≠	(ellos)	(sujetos diferentes)

GEOGRAFÍA Y CLIMA

Geografía.

Es una zona
- **desértica**
- **montañosa**
- **pantanosa**
- **selvática**
- **...**

Es
- **una llanura**
- **una meseta**
- **una depresión**
- **una península**
- **un golfo**
- **una bahía**
- **un delta**
- **una cordillera**
- **una sierra**
- **...**

Está rodeada/o de
- **montañas.**
- **valles.**
- **bosques.**
- **...**

■ Clima.

El clima es { lluvioso / seco / tropical / frío / caluroso / templado / ...

Los inviernos / veranos son { fríos / calurosos / suaves / templados

La temperatura { sube / baja / llega hasta xxx grados sobre/bajo cero.

Hay (muchos/as) { tormentas / vendavales / tornados / inundaciones / heladas / sequías / lluvias torrenciales / ...

VERBOS CON PREPOSICIÓN (I)

Muchos verbos en español exigen una preposición. Con algunos, pueden alternar diferentes preposiciones y el uso de una u otra preposición implica significados diferentes.

Como existen muchos verbos en español con estas características, conviene aprenderlos con el uso.

APLICARSE EN	*Por las noches,* **me aplico en** *la cara una crema antiarrugas.*
ASCENDER A	*Alberto* **ha ascendido a***l Everest en dos ocasiones.*
CUBRIR CON/DE	*Para no quemarte, debes* **cubrirte** *la cara* **con** *crema protectora.* *Los manifestantes* **cubrieron de** *pancartas la ciudad.*
DISPONER DE	*No* **dispongo de** *tarjeta de crédito.*
ENCONTRARSE CON	*Puedes* **encontrarte con** *muchas dificultades por la lluvia.*
ENFRENTARSE A	*En el viaje a Brasil* **nos enfrentamos a** *muchas dificultades.*
EXPONER(SE) A	*Las plantas interiores no las* **expongas** *nunca* **a***l sol.*
LLEGAR A	*Cada verano* **llegan a** *nuestra ciudad turistas de todos los países.*
IR A	*Esta tarde* **iré a***l cine, aunque esté lloviendo.*
PROTEGERSE DE	*Recuerda que debes* **protegerte de***l sol también cuando vayas a esquiar.*
TARDAR EN	*Los niños* **tardan** *demasiado* **en** *salir, ¿no crees?*
TRASLADARSE A	*Creo que* **nos trasladaremos a** *las islas en barco.*
VOLVER A	*No* **volveremos a** *Bilbao hasta el próximo verano.*

ARGUMENTAR

Para argumentar solemos recurrir a razonamientos en los que se establece una relación entre una serie de frases. Los mecanismos para señalar esta relación son muy diversos. Pero suelen respetar un esquema general.

- Presentación de un dato, una opinión o un punto de vista que se considera como aceptado + Consecuencia que el hablante extrae de ese dato.

La naturaleza es la **lucha** *por la superivivencia*
y toda lucha *comporta sufrimiento.*

- Este esquema de frases coordinadas puede sustituirse por otros, por ejemplo, condicionales.

Si	+	*PREGUNTA*
Si *no se respetan los derechos de la mujer,*		**¿cómo** *podemos hablar de democracia?* **¿de qué** *tipo de democracia estamos hablando?*

- Y puede hacerse progresivamente más complejo. Por ejemplo, podemos introducir la primera parte matizando nuestra postura ante lo afirmado.

  Presentando esa primera parte como algo sobre lo que no nos pronunciamos.

Los derechos de los pequeños empresarios **serán** *importantes...*

y completando el razonamiento con una afirmación o una negación que nosotros sostenemos.

pero más/también lo son *los de los consumidores.*

Manifestando expresamente nuestro acuerdo.

Es verdad que *actualmente se curan muchos tipos de cáncer,* **pero también es cierto** *que hay que reforzar las campañas de prevención.*

- Podemos recurrir a las enumeraciones y adiciones.

Es verdad que *somos el país con mayor índice de paro* **y también** *que las mujeres ocupan los primeros puestos en estas listas* **y** *que* **además** *existen muchos contratos precarios...*

- Podemos recurrir a contraposiciones.

Es cierto que la publicidad está aportando mucho a la creación audiovisual. **Ahora bien/Pero/Sin embargo,** *debemos recordar que no es el único medio que lo está haciendo.*

Los niños **quizá no** *puedan formular sus opiniones sobre la escuela,* **pero sí** *saben valorar la preparación pedagógica del profesorado.*

■ Podemos dejar implícita una conclusión, o bien hacerla explícita.

La naturaleza es la lucha por la superivivencia. Y toda lucha comporta sufrimiento. **(Entonces es imposible evitar el sufrimiento de los animales)**

■ O bien podemos sustituir la conclusión por una pregunta acerca de ella.

No se respetan los derechos de la mujer.

ENTONCES +	*PREGUNTA*
Entonces,	**¿cómo** podemos hablar de democracia?
	¿de qué tipo de democracia estamos hablando?

ENUMERACIONES, ADICIONES

No me gustan las medidas que se proponen, **ni** creo que sea verdad que nos vayan a dar más subvenciones, (**ni tampoco** que vayan a construir más guarderías,) **y ni siquiera** me creo que sea verdad que apoyan a ciertos movimientos sociales.

Prometen en su campaña que crearán nuevos puestos de trabajo, **y** que favorecerán el empleo fijo, (**y también** que darán subvenciones para aquellas empresas que contraten a jóvenes menores de 25 años,) **e incluso** que darán ayudas para las madres solteras.

Y además, los partidos vinculados a los movimientos sociales cada vez son más.
Y encima, nos dicen que debemos ir a votar en las próximas elecciones.

HACER PROPUESTAS Y SUGERENCIAS

■ Con un sujeto personal.

CONDICIONAL DE DEBER	+ *INFINITIVO*
Deberías/Deberíamos/...	**empezar** a tratar este tema más en serio.
CONDICIONAL DE TENER	+ **que** + *INFINITIVO*
Tendrías/Tendríais/...	**que visitar** a Ana en el hospital.
PRESENTE DE INDICATIVO	+ **que** + *SUBJUNTIVO*
Proponemos	**que se revise** la situación de los jubilados.
Aconsejamos	+ *INFINITIVO*
...	**revisar** la situación de los jubilados.

■ De forma impersonal.

Habría que
Se tendría que cambiar esa ley. No es justa.
Se debería

PRESENTE DE SER + *ADJETIVO* + **que** + *PRESENTE DE SUBJUNTIVO*
Es conveniente/aconsejable/deseable que se modifiquen las leyes de menores.

CONDICIONAL DE SER + *ADJETIVO* + **que** + *IMPERFECTO DE SUBJUNTIVO*
Sería conveniente/aconsejable/deseable que se modificaran las normas relativas a la publicidad en televisión.

SUBORDINADAS SUSTANTIVAS (I): INDICATIVO/SUBJUNTIVO

- Con aquellas expresiones que sirven para afirmar la veracidad de un hecho, el verbo de la frase subordinada va en Indicativo.

Es cierto
Es verdad
Es evidente
Es indudable
Es incuestionable } que + *INDICATIVO*
Es evidente } que **existe** una solución a ese problema.
Está demostrado
Está probado
Está claro
No hay (ninguna) duda de

- Con las expresiones que sirven para cuestionar o para negar la veracidad de algo, el verbo de la frase subordinada va en Subjuntivo.

No es cierto
No es verdad
No es evidente } que + *SUBJUNTIVO*
No está demostrado } que **exista** una solución a ese problema.
No está probado
No está claro

También pertenecen a este grupo expresiones con valor negativo.

Es falso } **que vayan** a bajar los impuestos.
Es mentira

- Igualmente, cuando la oración principal es un juicio de valor sobre la acción de la subordinada, esta última va en Subjuntivo.

VALORACIÓN	+	*PRESENTE DE SUBJUNTIVO*
Es ridículo/fantástico/una vergüenza/...		
Considero totalmente injusto/inadecuado/negativo/...		**cambien** esa ley.
Me parece positivo/una tontería/muy interesante/...		
Encuentro genial/absurdo/bastante peligroso/...		

Si el verbo de la principal está en Condicional, el verbo subordinado estará en Imperfecto de Subjuntivo.

Sería conveniente/aconsejable/preferible/... **que cambiaran** las leyes.

- Cuando en la oración principal se manifiesta una voluntad de transformar, de incidir de algún modo en la acción subordinada, esta va en Subjuntivo.

Yo **propongo**
Nosotros **defendemos**
La oposición **quiere** } que se **cambie** la Constitución.
Están a favor de
Nosotros **estamos en contra de**

CONSTRUCCIONES CONDICIONALES (II)

		PRESENTE DE SUBJUNTIVO
De acuerdo, firmaremos el contrato	**siempre que** **siempre y cuando** **con tal de que**	nos **garanticen** el pago.
Nos opondremos al proyecto	**a no ser que**	**se contemplen** nuestras peticiones.

- **Siempre que** y **siempre y cuando** presentan la condición como necesaria o imprescindible.

  De acuerdo, firmaremos el contrato **siempre y cuando** nos **garanticen** el pago.
  (= solo si nos garantizan el pago)

- **Con tal de que** presenta la condición como condición suficiente.

  De acuerdo, firmaremos el contrato **con tal de que** nos **garanticen** el pago.
  (= basta con que garanticen el pago)

- **A no ser que** presenta la condición en negativo; es decir, que no se debe dar la condición para que la acción ocurra.

  No firmaremos el contrato **a no ser que** nos **garanticen** el pago.
  (= como no garanticen el pago, no firmaremos)

DERECHOS, OBLIGACIONES Y PROHIBICIONES

		+ INFINITIVO
Todo individuo **Toda persona**	**tiene derecho a** **podrá**	**vivir** en libertad.
	tendrá que **deberá** **tiene la obligación de** **está obligado a** **ha de**	**respetar** la naturaleza.

	+ INFINITIVO
Nadie tiene derecho a	**maltratar** a los demás.
En ningún caso se podrá **Queda prohibido** **Está prohibido**	**usar** teléfonos móviles.

- **Haber de** + Infinitivo equivale a **tener que** + Infinitivo, aunque su uso en la lengua oral es menos frecuente.

  Los políticos **han de cumplir** sus promesas electorales.

OPINAR Y DEBATIR

- Muchas veces queremos suavizar nuestra opinión respecto a un tema. Son frecuentes recursos como:

Lo que yo digo/pienso es que
A mí, lo que me parece es que
Yo diría que
} *las ventajas de las nuevas tecnologías son escasas.*

- Recursos para concluir después de una argumentación.

(Bueno,) así lo veo yo.
(Bueno, al menos) eso es lo que yo pienso.

- Recursos para expresar acuerdo.

Yo lo veo como *tú/ustedes/Iván/...*
Yo soy de la misma opinión que *tú/ustedes/Iván/...*
Es verdad, tienes razón.

- Recursos para expresar desacuerdo.

Yo no lo veo (en absoluto) así/igual que *tú/él/...*

Yo no estoy (nada) de acuerdo
No estoy del todo de acuerdo
contigo/con *ustedes*/**con** *el Ministro*/**con** *eso/...*

Eso
Eso que *ha dicho/tú dices/...*
} **es** *absurdo/injusto/una tontería/ridículo/mentira/...*

Eso no es *cierto/verdad/...*

USO DEL PRONOMBRE NEUTRO **LO**

El pronombre **lo** carece de marca de género y de número, ya que es un pronombre neutro. Y se usa, entre otras cosas:

- para referirse a un fragmento anterior del discurso.

Que todos debemos ser iguales ante la ley, *no* **lo** *discute nadie.*

- como atributo de una frase con los verbos **ser, estar** o **parecer.** Se refiere a un adjetivo, a un nombre o a una expresión mencionada anteriormente.

No es un trabajo **difícil,** *¿verdad?*
Sí, sí que **lo** *es.*

Parece **una persona muy cerrada,** *pero yo creo que no* **lo** *es.*

Yo creía que **Emilio y Ana estaban enfadados conmigo** *pero no* **lo** *estaban.*

OMISIÓN DEL NOMBRE

- **El/la/los/las + de:** los nombres precedidos de los artículos **el/la/los/las** pueden omitirse cuando han aparecido en el contexto para evitar su repetición.

La educación de los niños y la ~~educación~~ de las niñas.

La educación de los niños y **la de las** niñas.

El sueldo de las mujeres y el ~~sueldo~~ de los hombres.

El sueldo de las mujeres y **el de los** hombres.

Me parece injusto que los sueldos de las mujeres sean inferiores a **los de los** hombres.

- **Uno/una/unos/unas + de/con/sin/...**

Iba a comprarse un coche nuevo, pero al final se compró **uno de** segunda mano.
En mi trabajo, teníamos una impresora muy antigua en blanco y negro; pero ahora nos han traído **una de** color.
Me he comprado un bolso de flores, pero ahora quiero **uno con** estampados.
Me gusta este tipo de camisa. Si encuentro **una sin** mangas, me la compro.

MARCADORES TEMPORALES DE INICIO

A partir	**del (próximo)** verano/año/día 1 de enero/... **de la (próxima)** semana/primavera/... **de la semana/primavera que viene**	entrará en vigor la nueva ley.

A partir de ahora, **De ahora en adelante,**	tú recogerás la basura y yo plancharé.
Desde este momento, **Desde este mismo instante,**	no se puede circular en coche por la ciudad.

VERBOS CON PREPOSICIÓN (II)

COMPROMETERSE A	Debemos **comprometernos a** trabajar con esa empresa o perderemos un nuevo cliente.
ESTAR OBLIGADO A	No **estás obligada a** asistir a clase, pero te conviene.
INFORMAR DE tiene	En la agencia de viajes le **informarán de** los vuelos que a su disposición.
REDUCIRSE A	**Se ha reducido a** la mitad el número de estudiantes que solicita entrar en las universidades privadas.
TENER LA OBLIGACIÓN DE	Creo que **tienes la obligación de** pagar el alquiler puntualmente.

VALORAR A PERSONAS

Es **un chico/una chica** / **un hombre/una mujer** / **un señor/una señora** *especial/muy amable/un poco difícil/...*

Es una persona *amable/muy inteligente/nada comunicativa/...*

- Normalmente el adjetivo calificativo va situado detrás del sustantivo al que acompaña. Existen, sin embargo, algunas expresiones con las que es muy frecuente el adjetivo antepuesto.

un gran hombre	**una gran mujer**
un buen amigo	**una buena amiga**
un buen padre	**una buena madre**
un buen hijo	**una buena hija**
una buena persona	

- Algunos adjetivos cambian de significado según su posición.

GRAN/GRANDE

un **gran** hombre	una **gran** mujer	(= por su personalidad u obra)
un hombre **grande**	una mujer **grande**	(= de tamaño)

!

Atención:
El adjetivo **grande**, cuando está delante del nombre, tiene la forma **gran** en singular, pero **grandes** en plural.

*Groucho Marx fue un **gran** cómico del cine de los años cuarenta.*

*Los hermanos Marx fueron unos **grandes** cómicos del cine de los años cuarenta.*

POBRE

un **pobre** hombre, una **pobre** chica (= da matiz de lástima o de menosprecio)
una familia **pobre**, un país **pobre** (= no rico)

También es de uso frecuente:

la pobre Victoria　　**el pobre** Federico

VIEJO

un **viejo** amigo, una **vieja** colega (= relación antigua)
un amigo **viejo**, una colega **vieja** (= edad del amigo)

- Con cualidades negativas.

el tonto de Jose Mari
la pesada de Elvira
los egoístas de mis hermanos

■ Para marcar la intensidad de una cualidad negativa.

No es **nada** flexible/comprensiva/...

SOLO CON ADJETIVOS NEGATIVOS
Es un poco pesado/impertinente/... ~~un poco guapo~~

SOLO CON ADJETIVOS POSITIVOS
Es poco inteligente/diplomático/... ~~poco feo~~
(= no es muy...)

USOS DE **LO**

Hilario es muy cabezón. + Eso es terrible.

Es terrible **lo cabezón** que es Hilario.

¿Has visto **lo grandes** que están los gemelos?
No te puedes imaginar **lo estúpido** que es mi jefe.
Yo no sabía **lo difícil** que era bailar el tango.

> **!** Atención:
> Al ser un artículo neutro no tiene marca de género ni de número.
>
> – El tonto de Pepe/La tonta de Pepa...
> – **Lo** tonto que es Pepe/**Lo** tonta que es Pepa.

Para **lo** pequeño que es, habla muy bien.
(= es muy pequeño y, teniendo en cuenta eso, habla muy bien)

Con **lo** cabezón que es, seguro que deja el trabajo después de ese lío.
(= es muy cabezón y, por esa razón, seguro que deja el trabajo)

VALORAR UN PERIODO

En aquella época	yo **lo pasé** muy mal.
Aquel verano	Elena **lo pasó** fatal.
Durante aquel viaje	**lo pasamos** genial.

Fue una	**época**	interesante.
	temporada	maravillosa.
	un año	muy complicado.
	verano	horrible.
	...	

Fueron	**unos años**	muy difíciles.
	unos días	bastante pesados.
	meses	un poco duros.
	...	

PASAR

Recuerda que el verbo **pasar** tiene usos y significados muy diferentes.

A TRAVÉS DE	PASAR POR Vamos a Pamplona, así que **pasaremos por** Zaragoza.
IR DEMASIADO LEJOS EN EL SENTIDO ESPACIAL	PASARSE Me parece que **nos hemos pasado.** Era la otra calle.
IR DEMASIADO LEJOS EN EL SENTIDO FIGURADO	PASARSE **Te has pasado** con Kiko. Has sido demasiado duro con él.
EXPERIMENTAR UNA VIVENCIA DE MANERA FAVORABLE O DESFAVORABLE	PASARLO bien/mal/genial/fatal/... Iván **lo pasó genial** cuando estudiaba. Durante la enfermedad de su madre **lo pasó fatal.**
DIVERTIRSE	PASÁRSELO bien/genial/... *(EN LATINOAMÉRICA ES MÁS FRECUENTE:* PASARLA*)* En la fiesta de Ramón **nos lo pasamos genial.**
DEJAR DE TENER UNA SENSACIÓN O SENTIMIENTO	PASÁRSELE **¿Se te ha pasado** el dolor de cabeza? Estaba enfadado pero ya **se le pasó.**

SUBORDINADAS SUSTANTIVAS (II): INDICATIVO/SUBJUNTIVO

Cuando en la oración principal se manifiesta un sentimiento o una reacción ante la acción de la subordinada, esta va en Subjuntivo. Esto sucede, por ejemplo, cuando el verbo de la oración principal es **gustar, encantar, molestar, preocupar, querer, tener ganas, preferir, odiar, no soportar,** etc.

- Reacción o sentimiento presente sobre un hecho presente.

PRESENTE DE INDICATIVO

No soporta
No tiene ganas de
Quiere
Prefiere
Odia
Le gusta
Le molesta
Le preocupa
Le encanta
...

} *PRESENTE DE SUBJUNTIVO*
que Berta **trabaje** con él.

■ Reacción o sentimiento pasado sobre un hecho pasado.

IMPERFECTO DE INDICATIVO	*IMPERFECTO DE SUBJUNTIVO*
No soportaba **Quería** **Le encantaba**	que Marta **dijera** eso.

INDEFINIDO	*IMPERFECTO DE SUBJUNTIVO*
Le sentó fatal No **le gustó** **Me molestó** mucho	que Marta **dijera** eso.

PRETERITO PERFECTO	*IMPERFECTO/PERFECTO DE SUBJUNTIVO*
Le ha preocupado **Le ha molestado** No **le ha gustado**	que Marta **dijera** / **haya dicho** eso.

■ Reacción o sentimiento presente sobre un hecho pasado.

PRESENTE DE INDICATIVO	*IMPERFECTO/PERFECTO DE SUBJUNTIVO*
Me preocupa **Le molesta** No **le gusta**	que Marta **dijera** / **haya dicho** eso.

■ También podemos valorar, dar una opinión actual sobre algo pasado.

		IMPERFECTO/PERFECTO DE SUBJUNTIVO
Es normal Es lógico Es una pena Yo no encuentro lógico	que	**estuviera** enfadado. **tuviera** celos. no **haya podido** venir. **se haya enfadado** tanto.

ORGANIZADORES Y CONECTORES

■ En muchas ocasiones, cuando el hablante da una información, muestra al mismo tiempo su actitud frente a esa información. También, muchas veces, la conectamos o la relacionamos con otras informaciones que ya se comparten con el interlocutor.

■ Estos son algunos de los recursos que se utilizan:

Para citar la fuente.

Según Jaime/ella/mi prima Rita/... Pepe es un egoísta.

En un registro más coloquial es habitual emplear:

Dice Jaime que dice mi madre que si sabe usted...

■ Para asegurar o para garantizar una información o una intención.

INFORMACIÓN

Pepe es un idiota,
Vendré mañana,

te/se lo aseguro.
te/se lo juro.
os/se lo prometo.
de verdad.

Vendré mañanna, **seguro.**

■ Cuando el hablante no se hace responsable de la información.

Según dicen,
Dicen que
Según parece,
He oído que
Me he enterado de que

Laura y Gustavo han roto.

■ Para resaltar como más importante una información respecto a las anteriores.

En el fondo, es una buena persona.

Lo cierto es que
A fin de cuentas,
La verdad es que
De todos modos,
De todas maneras,

van a despedir a varias personas.

■ Para marcar una actitud frente a la información.

Por suerte,
Afortunadamente,

INFORMACIÓN POSITIVA
la ambulancia llegó muy rápido.

Por desgracia,
Desgraciadamente,

INFORMACIÓN NEGATIVA
la ambulancia tardó mucho tiempo.

Por fin

UN HECHO ESPERADO
llegó la ambulancia.

■ Para presentar información negativa que se añade a otras anteriores.

(Y)
Para colmo,
Encima,
Lo que faltaba,
Lo que es peor,

INFORMACIÓN NEGATIVA
tuvieron un accidente de moto.

■ Resumir y concluir.

En resumen,
Total, que
En fin, que
} *decidieron cerrar la empresa.*

■ Introducir explicaciones sobre el presente porque hay algo problemático.

Lo que pasa es que
Lo que sucede es que
María no sabe comunicarse.

■ Introducir explicaciones sobre el pasado porque ha habido algo problemático.

Lo que ha pasado/sucedido es que	*ha dejado el trabajo.*
Lo que pasó/sucedió es que	*dejó el trabajo.*
Lo que pasaba/sucedía es que	*quería irse de España.*

■ Pedir explicaciones, o más información.

Y entonces,
{ **¿qué** *pasó?*
¿cómo *volvisteis a casa?*
¿cuándo *vino Lucía?*
...

¿Cómo es que
¿Por qué
¿Cómo
...
} *no ha venido Carmen?*

■ Presentar algo que puede recibirse negativamente.

Sinceramente, *no me gusta lo que está pasando en la escuela.*

Francamente, *tu cuñado me cae fatal.*

La verdad, *no sé qué me estás intentando decir.*

■ Admitir algo que en principio se rechazaba.

Hay que reconocer que *Andrés se equivocó al no perdonar a su hermana.*

Habrá que admitir que *no había motivo para enfadarse tanto.*

EXPRESAR RECHAZO

No soporto **No aguanto** **No tolero** **Estoy harto/a de** **Me molesta** **Me fastidia** **Me indigna** **Me irrita** **Me da mucha rabia** **Me saca de quicio** ~~**Me enfada**~~	*INFINITIVO* **tener** que pagar impuestos. *PRESENTE DE SUBJUNTIVO* **que** muchos empresarios no **paguen** sus impuestos. *SUSTANTIVO EN SINGULAR* **la injusticia.**

Me fastidia**n** Me molesta**n** Me indigna**n** Me da**n** mucha rabia	*SUSTANTIVO EN PLURAL* la**s** grande**s** mentira**s**. la**s** noticia**s** falsa**s**. la**s** promesa**s** de los políticos. la**s** incoherencia**s** de la publicidad.

~~**Me enfadan**~~ las injusticias sociales.

- Recuerda que cuando en la oración principal se manifiesta un sentimiento o una reacción ante la acción de la subordinada, ya expresada antes o presupuesta, esta va en Subjuntivo.

No soporto que **salgas** por las noches sin mí.
Me indigna que algunas ONG **cobren** cuotas a sus voluntarios.

- Cuando el verbo de la oración principal está en Condicional, el de la subordinada está en Imperfecto de Subjuntivo.

Me molestaría que **ganara** la oposición.
(ganar la oposición se presenta como algo posible o hipotético)

Me daría mucha rabia que Juan **supiera** esto.
(que Juan sepa esto se presenta como algo posible o hipotético)

PARA INTENSIFICAR O RESALTAR UN SENTIMIENTO

Me fastidia	**muchísimo** **enormemente** **tremendamente** **especialmente** **terriblemente** ...	el tráfico.

		INFINITIVO
Lo que más me molesta	es	**esperar.**
		SUSTANTIVO SINGULAR
Lo que de verdad me fastidia	es	**la demagogia.**
		SUSTANTIVO PLURAL
Lo que realmente me desespera	son	**los dogmatismos.**
		que + *SUBJUNTIVO*
Lo que verdaderamente me indigna	es	**que hables** así.

Me desespera ~~mucho~~.
Me indigna ~~mucho~~.

~~muy~~ intolerable	**realmente** intolerable
~~muy~~ inaceptable	**verdaderamente** inaceptable
~~muy~~ inadmisible	**totalmente** inadmisible
...	

Lo que me resulta...

(totalmente)	**intolerable**	
(verdaderamente)	**incomprensible**	**es** la arbitrariedad.
(realmente)	**injustificable**	**son** los abusos de poder.
	inaceptable	**es que** se permita este tipo de corrupción.
	inadmisible	
	...	

EXPRESAR DESEOS

Me gustaría mucho **Me encantaría**	**colaborar** con una ONG. **que mejorara** la educación.
Lo que me gustaría es **Lo que querría es**	**vivir** tranquila. **que terminara** la guerra.
Lo ideal sería **Lo deseable sería** **Lo mejor sería**	**llegar** a un acuerdo entre todos. **que** Ana y David **llegaran** a un acuerdo.
Sería estupendo **Sería genial** **Sería maravilloso** **Sería fantástico** ...	**llegar** a un acuerdo entre todos. **que** Javier **encontrara** trabajo.

LO DE (QUE)/ESO DE (QUE): ALUDIR A TEMAS

Cuando un tema se considera ya conocido por el interlocutor nos referimos a él con recursos como **lo de** y **eso de.**

LO DE/ESO DE + *ARTÍCULO* + *SUSTANTIVO*
Lo de/Eso de la sequía es un problema tremendo.

LO DE/ESO DE + *INFINITIVO*
Lo de/Eso de tener que trabajar el domingo es horrible.

Cuando la alusión a un tema ya mencionado implica una oración, usamos **lo de que** y **eso de que.**

(en el contexto: "Van a bajar los impuestos")
Lo de que / **Eso de que** vayan a bajar los impuestos me parece poco creíble.

(en el contexto: "Ana y Toni se van a casar")
Lo de que / **Eso de que** se casen Ana y Toni lo veo bastante imposible.

GARANTIZAR

Muchas veces necesitamos reafirmar lo que decimos, garantizando que es verdad o asegurando un compromiso. El fin suele ser tranquilizar al interlocutor o animarlo o argumentar nuestro punto de vista. Para ello, utilizamos las expresiones siguientes, que pueden aparecer al inicio o en otros lugares del enunciado.

en serio
ya lo verás
de verdad
de veras

Voy a ir al médico mañana. **En serio,** no te preocupes.
En serio, voy a ir al médico mañana. No te preocupes.

Mamá vendrá en seguida, **ya lo verás.**
De verdad, mamá vendrá en seguida,

!

Atención:
Este tipo de expresiones son más habituales en un registro conversacional.

Registro formal:
Prometemos acabar con la corrupción.
Intentaremos que los precios no suban en los próximos años.

Registro conversacional:
Acabaré todo el trabajo hoy mismo, **te lo prometo.** / **te lo juro.**

En serio/De veras/De verdad/..., no volveré a llegar tarde.

ESTAR A FAVOR O EN CONTRA

El Dr. Gutiérrez **está (totalmente/completamente) a favor de** la aplicación de esta nueva técnica quirúrgica.
La oposición **está (totalmente/completamente) en contra de** esta propuesta de ley.

LA FINALIDAD (II)

Es necesaria más inversión...

... **para** (más informal) ... **a fin de/con vistas a** (más formal)	*INFINITIVO* **mejorar** la educación pública.
... **para que** (más informal) ... **a fin de que** (más formal) ... **con vistas a que** (más formal)	*SUBJUNTIVO* **mejore** la calidad de la enseñanza.

VENTAJAS E INCONVENIENTES

La ventaja / **Lo bueno** (de esto/de este programa/...) **es que** van a bajar los impuestos.

El inconveniente / **Lo malo** / **El problema** (de este programa/de lo que tú dices/...) **es que** van a reducir las becas.

QUEJARSE, PROTESTAR

¡Esto no puede seguir así!
¡Ya está bien!
¡Basta de quejarse/injusticia/despidos!

Es hora de / **Ha llegado el momento de** saber la verdad. / conocer los hechos.

VERBOS CON PREPOSICIÓN (III)

ACABAR CON	Los políticos **han acabado con** las esperanzas de los ciudadanos.
COLABORAR CON	Ahora estoy **colaborando con** una editorial de idiomas.
COMPROMETERSE A	No **me comprometo a** llegar a la hora, ya me conoces.
ESTAR HARTO DE	**Estoy harta de** que los sindicatos se vendan a la Patronal.
ESTAR INTERESADO EN	Dice mi hermana que **está interesada en** comprar tu coche.
ESTAR PREOCUPADO POR	Los ciudadanos **estamos preocupados por** los últimos acontecimientos políticos.
LUCHAR POR	Los trabajadores de la empresa Solvives **luchan por** mantener su empleo y me parece muy legítimo.
LLEGAR EL MOMENTO DE	**Ha llegado el momento de** comprometerse políticamente.
OPONERSE A	Los estudiantes **se oponen a**l nuevo plan de estudios.
QUEJARSE DE	No **me quejo de** que no vengas a verme, pero sí de que no me llames ni para saber cómo estoy.
SER HORA DE	Ya **es hora de** que empieces a estudiar o no aprobarás los exámenes de junio.

FORMACIÓN DE PALABRAS (III): SUSTANTIVOS DERIVADOS DE VERBOS

elaborar: la **elaboración** **transportar:** el **transporte** **almacenar:** el **almacenamiento**

- Son femeninos los terminados en **-ción/-cción/-sión** y significan normalmente el proceso o el resultado de la acción expresada por el verbo correspondiente.

  la fabrica**ción**, **la** produc**ción**, **la** reduc**ción**, **la** preci**sión**, etc.

  En muchos casos, la raíz sufre modificaciones, especialmente cuando se trata de verbos de la 2ª y 3ª conjugación (**-er, -ir**).

  disolver: la **disolución** **corromper:** la **corrupción**
  inscribir: la **inscripción** **elegir:** la **elección** **pedir:** la **petición**

- Alternan las formas **-ción/-cción/-sión**.

VERBOS EN	*EL SUSTANTIVO SE FORMA CON*	
-dir/-der	-sión	divi**dir**: la divi**sión**; conce**der**: la conce**sión**
-ptar	-pción	ado**ptar**: la ado**pción**
-ctar	-cción	reda**ctar**: la reda**cción**, infe**ctar**: la infe**cción**
-gir/ger	-cción	diri**gir**: la dire**cción**, prote**ger**: la prote**cción**

- Hay, además, muchas otras formas de derivación. Estos otros sustantivos derivados de verbos son en su mayoría masculinos.

  almacenar → el **almacenamiento**
  consumir → el **consumo**
  cultivar → el **cultivo**
  envasar → el **envasado**
  etiquetar → el **etiquetado**
  transportar → el **transporte**
  usar → el **uso**

  Pero:
  probar → la **prueba**; citar → la **cita**

POSICIÓN DEL ADJETIVO CALIFICATIVO

La posición más habitual de un adjetivo es después del nombre, pero los adjetivos calificativos pueden ir delante o detrás. Cuando van detrás, tienen un valor especificativo: el nombre al que se refiere queda identificado por la propiedad del adjetivo.

Vino Carlos con su ***pequeño*** *coche.* (= su coche es pequeño)
Vino Carlos con su coche ***pequeño.*** (= tiene varios coches y vino con el pequeño)

Por eso suele ponerse delante siempre que se quiere resaltar una cualidad de algo ya identificado. Es, por ejemplo, muy frecuente en el lenguaje publicitario.

El ***nuevo*** *modelo de cámara TIMSON es el más sofisticado del mercado.*

La anteposición es también, a veces, la marca de un registro más formal o culto.

unas **excelentes perspectivas** para el turismo rural
los **nuevos mercados** de los productos españoles
las **últimas tendencias** de la moda
una **originalísima campaña** de lanzamiento

EXPRESAR CAUSA

Este modelo ha tenido mucho éxito
Le dieron un premio

por + *SUSTANTIVO*
por su original **diseño.**
(= porque es muy original)

debido a/gracias a + *SUSTANTIVO*
debido a su original **diseño.**
(= porque es muy original)

debido a que/gracias a que + *ORACIÓN*
gracias a que tiene un original diseño.
(= porque es muy original)

debido a lo/gracias a lo + *ADJETIVO*
Debido a lo original de su diseño.
(= porque su diseño es muy original)

RELACIONES DE CAUSA-EFECTO

EFECTO — *CAUSA*
El aceite ayuda a prevenir enfermedades **porque** reduce el nivel de colesterol

Cuando la información está presupuesta o ya es conocida:

CAUSA	*EFECTO*
Como reduce el nivel de colesterol, **Dado que** reduce el nivel de colesterol, **Puesto que** reduce el nivel de colesterol,	ayuda a prevenir enfermedades cardíacas.

CONTRAPONER INFORMACIÓN: CONSTRUCCIONES CONCESIVAS

- Para contraponer una información con otra que consideramos la previsible o la normal.

La situación del sector es difícil, **pero, aun así, / a pesar de ello, / sin embargo,**

SUSTANTIVO/INFINITIVO
A pesar de la difícil situación del sector, / ser una empresa pequeña,

Aunque la situación del sector **es/sea** difícil,
A pesar de que la situación del sector **es/sea** difícil,

T.A.U ha obtenido buenos resultados.
(= lo previsible, con una situación difícil en el sector o con un tamaño tan pequeño, es que no hubiera obtenido buenos resultados)

■ Cuando la información introducida por **aunque** o **a pesar de que** es presentada por el hablante como nueva, el verbo va en Indicativo.

Aunque es de mala calidad, se sigue consumiendo.
(el hablante está informando de que "es de mala calidad")

A pesar de que produce muchos efectos secundarios, muchos médicos recetan este fármaco.
(el hablante está informando de que "produce efectos secundarios")

■ Cuando el hablante no quiere pronunciarse sobre si sucede o no la acción introducida por **aunque** o **a pesar de que**, el verbo va en Subjuntivo.

● *Yo creo que los platos precocinados **son** muy artificiales.*
○ *Sí, pero, aunque **sean** de mala calidad, se consumen cada vez más.*
(el hablante no dice si son o no de mala calidad)

■ Cuando la oración concesiva se refiere a una acción que puede ocurrir en el futuro, solo es posible el Subjuntivo: Presente, Perfecto o Imperfecto.

*Aunque este año **hubiera** una buena cosecha de oliva,*
(momento actual, afirmo que no la hay, o que la probabilidad de que la haya es mínima)

*Aunque este año **haya** una buena cosecha de oliva,*
(no me pronuncio, momento actual o futuro)

Pero:
*Aunque este año **hay** una buena cosecha de oliva,*
(afirmo que la hay, en el momento actual)

} *los precios del aceite no bajarán.*

ADVERBIOS ACABADOS EN -MENTE

Muchos adverbios terminados en **-mente** sirven para expresar cómo se realiza una acción (y significan lo mismo que el adjetivo del que proceden). Otros tienen significados diferentes o juegan un papel como organizadores discursivos.
En el primer caso, suelen ir junto al verbo o junto al adjetivo al que modifican; no se separan por comas en el escrito ni con pausas en la lengua oral.
En el segundo caso, suelen ir al principio o al final de la frase, y separadas, por comas o por pausas entonativas.

■ Para reforzar una afirmación.

Indudablemente,
Efectivamente,
Indiscutiblemente, *este es un producto de muy buena calidad.*
Verdaderamente,
Realmente,
...

■ Para señalar evidencia.

Él no tuvo la culpa y, **naturalmente, evidentemente obviamente** } *tendrá que pagar la compañía de seguros.*

■ Para destacar o concretar.

Falta descubrir todavía vacunas eficaces, { **concretamente, esencialmente, fundamentalmente, especialmente, principalmente,** } *contra algunas enfermedades tropicales.*

■ Para terminar.

Finalmente, *quería agradecerles la atención que me han prestado.*

■ Para introducir un determinado punto de vista.

Personalmente, Humanamente, Técnicamente, Pedagógicamente, ... } *opino/creo/pienso que esto no es correcto.*

A veces se usa: **Filosóficamente hablando, científicamente hablando...**

■ Para introducir valoraciones.

Afortunadamente, Felizmente, *no hubo víctimas.*

Desgraciadamente, *no hay tratamiento para esta enfermedad.*
Lamentablemente, *el vuelo ha sido cancelado.*

■ Para destacar excluyendo otros elementos.

Está fabricado { **únicamente exclusivamente íntegramente** } *con productos biológicos.*

■ Para intensificar una cualidad.

Es un tipo de verdura { **especialmente particularmente** } *indicada para las personas con anemia.*

Es un edificio **perfectamente** *diseñado para personas con minusvalías.*

Es un periódico { **absolutamente totalmente verdaderamente realmente** } *independiente.*

■ Para expresar frecuencia o tiempo

Habitualmente, **Generalmente,** **Excepcionalmente,** **Frecuentemente,** **Normalmente,** **Mensualmente,** **Anualmente,** **Últimamente,** **...**	vienen a visitarnos nuestros hijos.

ORGANIZADORES DISCURSIVOS

■ Referirse a aspectos de un tema.

En cuanto a **Con respecto a** **En lo que se refiere a**	la composición química, este producto no contiene cloro.

Desde el punto de vista nutricional/gastronómico/ecológico/..., es excelente.

■ Aclarar, reformular.

Está demostrado el alto valor nutricional y terapéutico de la soja,...

... **esto es,** sus indudables beneficios para la salud.
... **es decir,** se han probado sus indudables beneficios para la salud.

■ Extraer consecuencias.

El tabaco es una de las principales causas de cáncer.

Por tanto, **Por consiguiente,** **Tanto es así, que** **Es por ello (por lo) que** **Es por esta razón (por la) que**	las autoridades sanitarias deben hacer planes de prevención.

La gente come cada vez más comida rápida.

Esto quiere decir que **Esto significa que**	la mayor parte de la población se alimenta incorrectamente.

■ Contraponer datos.

En Europa central y del norte se consumen muchas grasas de origen animal. **Por el contrario,** en los países mediterráneos se cocina principalmente con aceite de oliva.

■ Concretar, ejemplificar.

Me encantan las películas españolas, **por ejemplo**, las de Almodóvar.

He ido a Italia dos veces, **en concreto**, a Sicilia y a la Toscana.

Me interesan mucho las nuevas tecnologías, **en particular**, Internet.

ALUDIR A UN TEMA YA MENCIONADO

En los textos, para referirnos a algo (una palabra, un concepto, un argumento...) ya presentado en el discurso utilizamos recursos como:

PRONOMBRES PERSONALES
Hemos tomado un queso buenísimo de La Mancha. **Lo** trajo Félix de Ciudad Real.
Hemos traído un queso buenísimo de La Mancha para Félix. **Le** va a encantar.

PRONOMBRES Y ADJETIVOS DEMOSTRATIVOS
Los quesos de leche de oveja de La Mancha son de una excelente calidad.
Esto, sin embargo, todavía no es suficientemente conocido fuera de las fronteras españolas.

La ciudad de Zamora es conocida, entre otras cosas, por su Semana Santa. Pero **esta** ciudad se distingue, además, por tener uno de los mejores quesos de oveja.

ADJETIVOS QUE SE REFIEREN A LO QUE YA SE HA MENCIONADO
Los quesos de leche de oveja de La Mancha son de una excelente calidad.

Dicho tipo de quesos, están garantizados por la denominación de origen...
Los mencionados quesos...

SUSTITUCIONES CON OTRAS PALABRAS
Los quesos de leche de oveja de La Mancha son de una excelente calidad.

Este producto artesano...
Estos derivados lácteos...
Esta excelente muestra de la tradición gastronómica manchega...

VERBOS CON PREPOSICIÓN (IV)

BASARSE EN	La película **se basa en** el último libro de Antonio Pérez.
CONSISTIR EN	La nueva política del gobierno **consiste,** básicamente, **en** la privatización de la Sanidad Pública.
CONTRIBUIR A	Tanta presión mediática **ha contribuido a**l fracaso de nuestra empresa.
PROCEDER DE	Yo, desde luego, no me creo que el hombre **proceda de**l mono.
REFERIRSE A	No **me refiero a** los problemas sociales, sino a los políticos.
SERVIR PARA	El móvil **sirve para** estar localizable en cualquier momento y en cualquier lugar.
TRATAR DE	Él **trató de** explicárselo, pero ella no quería escucharle.
ESTAR A PUNTO DE	Cuando **estaban a punto de** llegar los invitados, se dio cuenta de que no tenía arroz para hacer la paella.

SE, LE: VERBOS CON PRESENCIA O AUSENCIA DE ESTOS PRONOMBRES

Se producen modificaciones de significado y de sintaxis.

PARECER

■ Sin pronombre (+ adjetivo/nombre/**que** + Indicativo).

Su casa ***parece*** *un* ***castillo***. (= tiene el aspecto de un castillo)
La casa ***parece que está*** *deshabitada.*
(= tiene el aspecto de estar deshabitada)
¡La fiesta ***parece interesante***! (= probablemente lo será)
¡Pareces tonto! (= sé que no lo eres, pero te comportas como un tonto)

■ Con **le** (+ adjetivo/nombre/verbo + Indicativo).

Esos espectáculos ***le parecen*** *muy* ***aburridos***. (=los considera muy aburridos)
A la gente de aquí ***le parece que*** *eso* ***está*** *muy mal.* (= cree que está muy mal)

■ Con **se** (+ nombre + **a**):

Esta ***plaza se parece*** *mucho* ***a*** *la* ***Plaza Mayor de Madrid***. (= es semejante)
Son dos ***ciudades*** *que* ***se parecen*** *mucho.* (= son semejantes)

QUEDAR

■ Sin pronombre (con alguien/en algo).

Quedamos con *Félez* ***en no decirle nada a Pérez.***
(= lo acordé o lo acordamos)

■ Sin pronombre (con alguien, para algo, a una hora, en un lugar).

Quedé con Félez a las cinco delante de mi casa para ir al cine. (= nos citamos)

■ Con **le** (+ adjetivo/adverbio).

Este vestido ***le queda*** *muy* ***bien***. (= le va muy bien)
Este cuadro ***le ha quedado*** *muy* ***bonito***. (= el resultado es muy bonito)
La casa ***se les quedó pequeña***. (= necesitaban otra casa más grande)

■ Con **le** (+ nombre).

Solo ***le quedan*** *algunos* ***amigos***. (= ya no tiene más que unos pocos amigos)
No ***le queda*** *otra* ***solución*** *que dimitir.* (= ya no tiene otra solución)

■ Con **se** (+ expresión de lugar).

Se quedó *en casa, no quiso salir a dar un paseo.* (= no salió de casa)

■ Con **se** (+ adjetivo/Participio).

Se quedó *muy triste/apenado.*
(= se entristeció/se apenó mucho y no sé si aún lo está)

VERBOS DEL TIPO **GUSTAR**

- Existen en español muchos verbos que significan afecto, sentimiento o gusto, y que funcionan de modo similar a **gustar**: el sujeto gramatical no es el hecho, la cosa o la persona que experimenta el sentimiento sino lo que lo provoca. Son de uso muy frecuente:

llamar la atención/sorprender/extrañar/impresionar
atraer/apasionar/volver loco/chiflar/entusiasmar
aburrir/matar/fastidiar/repugnar/horrorizar
resultar extraño/sorprendente/ridículo/...
parecer extraño/sorprendente/ridículo/...
dar asco/miedo/pánico/rabia/pena/...
dejar indiferente/frío/...
poner triste/alegre/de mal humor/histérico/...

} *+ ALGO (A ALGUIEN)*

- Todos estos verbos funcionan con la serie átona de pronombres **me, te, le, nos, os, les** y la tónica **a + mí, ti, él, ella, usted, nosotros/as, vosotros/as, ellos/as, ustedes.**

A **mí** las corridas de toros **me horrorizan.**
A Ignacio **le apasionan** las fiestas populares.
A mis hermanos pequeños **les vuelven locos** los videojuegos.
A **ti** no **te resulta extraño** que no hayan llegado? Son las diez...

En muchas situaciones de comunicación se contrastan sentimientos de varios sujetos y entonces es necesario usar:

A +	**mí**	**ti**	**él/ella/usted**
	nosotros/nosotras	**vosotros/vosotras**	**ellos/ellas/ustedes**

¿**A vosotros** qué **os sorprende** de la vida cotidiana en nuestro país?
A **ella le vuelve** loca bailar, pero **a mí me horroriza.**

- El sujeto gramatical puede ser un sustantivo o un Infinitivo o una frase subordinada sustantiva; en este último caso, el verbo va siempre en Subjuntivo.

A mí me impresiona {
SUBORDINADA EN SUBJUNTIVO
que en España se **salga** tanto.
SUSTANTIVO SINGULAR
la **vida** nocturna de esta ciudad.

A mí me impresionan
SUSTANTIVO PLURAL
mucho las **procesiones** de Semana Santa.

Me repugna {
SUBORDINADA EN SUBJUNTIVO
que se **haga** sufrir a animales.
SUSTANTIVO SINGULAR
el maltrato de los animales.

Me repugnan
SUSTANTIVO PLURAL
las **fiestas** donde se hace sufrir a animales.

■ También son muy frecuentes las construcciones:

Me impresiona **cuánto** gasta la gente en Navidad.
(= me impresiona la cantidad)
Me sorprende **cómo** se trata a los animales domésticos en tu país.
(= me sorprende la manera)

ACCIONES HABITUALES

■ SOLER

PRESENTE DE INDICATIVO

suelo
sueles
suele
solemos
soléis
suelen

Yo los sábados **suelo** ir a la playa.
En España **se suele** tener bastante relación con la familia.
(impersonal)

!

Atención:
Soler se puede utilizar para expresar hábitos en presente o en pasado (Imperfecto de Indicativo).

Los domingos **suelo** levantarme tarde. Hace unos años **solía** levantarme más tarde.

Pero no otros tiempos verbales:

El año pasado ~~**había solido**~~ salir ~~**solí**~~ mucho de noche.

El año pasado **solía** salir mucho de noche.

■ **Generalmente,**
Normalmente,
Frecuentemente,
Por lo general,
visito a mis padres el domingo.

Lo más normal/frecuente en mi país es pasar el domingo en familia.

IMPERSONALIDAD

En español existen varios modos de marcar que se desconoce el agente de un verbo o que no se quiere mencionar, es decir, varias formas de impersonalidad:

■ **Se** impersonal.

En España **se fuma** todavía demasiado.
Aquí no **se puede** hacer eso.

El verbo va siempre en singular cuando es intransitivo (= cuando no lleva OD) o cuando va seguido de un Infinitivo o de la conjunción **que**.

Aquí no se puede **fumar.**
Se dice **que** pronto van a construir una carretera nueva.

El verbo que lleva complemento directo concuerda con él en número:

En Argentina **se hace** actualmente muy **buen cine.**
En Argentina **se hacen** actualmente muy **buenas películas.**

■ 2ª persona con valor impersonal.

Se utiliza cuando el hablante habla de un tema de manera general y se propone a él mismo o a su interlocutor como sujetos posibles.

En el norte, **te metes** en cualquier bar y **comes** unas tapas riquísimas.
Si **vas** a casa de un español a comer, lo más normal es llevar vino.

■ **La gente/Todo el mundo/...**

Se utiliza cuando el hablante se excluye a sí mismo y a su interlocutor de lo que afirma con valor impersonal.

Todo el mundo sabe que en este Ministerio hay desfalcos.
¡**La gente** hace cada cosa más rara!
Todo individuo/toda persona tiene derecho a una vivienda digna.

SUBORDINADAS SUSTANTIVAS (III): INDICATIVO/SUBJUNTIVO

En general, cuando el verbo principal es un verbo de pensamiento o de palabra y está en forma negativa, el verbo de la oración subordinada va en Subjuntivo.

VERBO DE PENSAMIENTO	*SUBJUNTIVO*
No creo	que el jefe **vuelva** ya hoy a la oficina.
No pensamos	que este **sea** el camino para solucionar los problemas.
No digo	que no **debamos** ir, pero realmente no me apetece.

Sin embargo, cuando se trata de una advertencia, de una recomendación o de un consejo en Imperativo, el verbo subordinado va en Indicativo.

VERBO DE PENSAMIENTO EN IMPERATIVO	+	*INDICATIVO*
No creas No piense No vayas a pensar	}	**que es** antipático, lo que pasa es que es muy introvertido.

Un caso especial es el formado por los verbos de percepción.

No he visto que **haya llegado.** (= no he visto si ha llegado o no)
No he visto que **ha llegado.** (= ha llegado, pero no lo he visto)

No me di cuenta de que **pasaba** algo raro. (= afirmo que efectivamente pasaba algo raro)
No me di cuenta de que **pasara** nada raro. (= no afirmo si pasó o no algo raro)

ES QUE.../NO ES QUE...

	SUBJUNTIVO		*INDICATIVO*
No es que	**tenga** mal carácter,	**es que** **sino que** **lo que pasa es que**	**es** un poco especial. a veces **se pone** nervioso. **hay** que conocerlo.

COMPARAR

PARECERSE A

Los carnavales de mi ciudad **se parecen mucho/un poco a** los de Canarias.
Silvia **no se parece en nada** a su madre.

SER PARECIDO/A/OS/AS A

Esta tradición **es parecida a** una que/a tenemos en mi pueblo. Cuando alguien se casa...

SER IGUAL QUE/A

Este plato **es exactamente/casi igual que/a** uno que hacen en Granada.
Aunque no lo creas Miguel y Helena **tienen** muchas cosas **en común.**

SER DISTINTO DE/A

El carácter de los gallegos **es muy distinto de**l/**a**l de los madrileños.

Las fiestas de aquí y las de mi país **no se pueden comparar.** / **no tienen nada que ver.** / **no tienen mucho/nada/demasiado en común.**

EXPRESAR DESEOS EN DESPEDIDAS

Es muy frecuente en español asociar a una fórmula de despedida un deseo formulado con **que** + Presente de Subjuntivo.

DESPEDIDAS
Adiós, **que te vaya bien/le vaya bien/os vaya bien/les vaya bien.**
Hasta luego, y **que tengas/tenga/tengáis/tengan suerte** en el examen.

A ALGUIEN QUE VA A UNA FIESTA, A UN VIAJE DE PLACER
Que te diviertas/se divierta/os divirtáis/se diviertan.
Que lo pases/pase/paséis/pasen bien.
Que tengas buen viaje.

AL IRSE A DORMIR
Buenas noches, **que descanses/descanse/descanséis/descansen.** / **que duermas bien.**

EN LA VISITA A UN ENFERMO
Que te mejores/se mejore.

ALGUIEN QUE SE ENFRENTA A ALGO DESAGRADABLE
Que no sea nada. **Que te sea leve.**

FELICITAR

SANTO, CUMPLEAÑOS
¡Felicidades!
¡Feliz cumpleaños! / ¡Que cumplas muchos más!
Que pases un buen/feliz día.

GRANDES ACONTECIMIENTOS FAMILIARES O PROFESIONALES (BODAS, NACIMIENTOS, ASCENSOS, EXÁMENES...)
¡Enhorabuena!

NAVIDADES, AÑO NUEVO
¡Felices fiestas!
¡Felices Pascuas!
¡Feliz Año Nuevo!
Próspero Año Nuevo. (se usa en la lengua escrita)

CONECTORES DISCURSIVOS

- Para introducir información.

ÚTIL PARA EL INTERLOCUTOR
Te interesará / **Te conviene** **saber que** hemos convocado una reunión urgente para el lunes.

QUE EXPLICA OTRO TEMA ABORDADO
Ten en cuenta que las ventas del mes de enero fueron mucho peores que las del año anterior.

- Para pasar de un tema a otro.

Con respecto a / **En cuanto a** / **Otro aspecto importante es** la actitud de los jóvenes frente a la política.

- Para enlazar dos temas con un punto en común.

Eso vale también para saber qué pasos debemos seguir para pedir una subvención estatal.
Igual/Lo mismo sucede con la economía de los países desarrollados.

- Para introducir un nuevo tema en contraste con el anterior.

En España se cena a las diez, **mientras que** en mi país se cena a las siete.
Aquí se come muy tarde. **En cambio**, en Portugal se come bastante pronto.
Solo salgo de noche entre semana. Yo, **al contrario/al revés**, solo salgo el fin de semana.

VERBOS CON PREPOSICIÓN (V)

ACORDARSE DE	Tomás siempre **se acuerda de**l día de mi cumpleaños.
CAER EN LA CUENTA DE	Lo siento pero no **caí en la cuenta de** que tú también llegabas hoy.
DARSE CUENTA DE	Cuando viajas **te das cuenta de** la riqueza que aporta el contacto entre las diferentes culturas.
ENSEÑAR A	Nadie te **enseñará a** comportarte, ya eres mayorcito.
PARTIR DE	**Partimos de** un mismo esquema.
TENDER A	Nosotros **tendemos a** ver las cosas con mucho pesimismo.

FORMACIÓN DE PALABRAS (IV): SUSTANTIVOS DERIVADOS DE ADJETIVOS

De muchos adjetivos calificativos se derivan sustantivos que designan la cualidad correspondiente.

sensible ⟶ la **sensibilidad** **inteligente** ⟶ la **inteligencia**

Muchos de ellos se forman con las terminaciones: **-cia , -idad/-dad y -ura.**

la creativ**idad**	la pacien**cia**	la loc**ura**
la generos**idad**	la importan**cia**	la cord**ura**
la agil**idad**	la vehemen**cia**	la amarg**ura**
la cruel**dad**	la decen**cia**	la chalad**ura**
la capac**idad**	la impertinen**cia**	la hermos**ura**
la false**dad**	la coheren**cia**	la tern**ura**

PLUSCUAMPERFECTO DE SUBJUNTIVO

Existen dos formas con usos equivalentes.

IMPERFECTO DE SUBJUNTIVO DE HABER		+	*PARTICIPIO*
hubiera / **hubiese**			
hubieras / **hubieses**			habl**ado**
hubiera / **hubiese**		+	ten**ido**
hubiéramos / **hubiésemos**			s**ido**
hubierais / **hubieseis**			
hubieran / **hubiesen**			

CONDICIONAL COMPUESTO

IMPERFECTO DE SUBJUNTIVO DE HABER	+	*PARTICIPIO*
habría		
habrías		habl**ado**
habría	+	ten**ido**
habríamos		s**ido**
habríais		
habrían		

CONSTRUCCIONES CONDICIONALES (III)

■ Sobre el momento actual o futuro.

IMPERFECTO DE SUBJUNTIVO	*CONDICIONAL*
Si **fuera/fuese** millonario,	**me dedicaría** a trabajos humanitarios.

(= evocamos algo irreal, "no soy millonario")

Si me **tocara/tocase** la lotería, me **iría** a dar la vuelta al mundo.
(= evocamos algo muy poco probable "seguramente no me tocará la lotería")

Si ~~sería millonario~~... Si ~~me tocaría~~ la lotería...

CONDICIONAL
Ahora mismo **me comería** un plato de fresas con nata.
(= no puedo comérmelo o es difícil)

Me **iría** ahora mismo de vacaciones. ¡Estoy harta!
(= no puedo irme de vacaciones)

En el ámbito de los consejos (y presuponiendo la condición "si tú o yo estuviéramos en esa situación"):

• ¿Tú que **harías?**
○ Yo **hablaría** con ella. Seguro que lo **entendería.**

• ¿Tú **te presentarías** al examen? La verdad es que no he estudiado mucho.
○ Yo lo **haría,** a ver qué pasa. Y así ves qué tipo de examen es.

En la lengua coloquial, en este uso, aparece también el Imperfecto de Indicativo.

Yo, en tu lugar, **hablaba** con ella. Seguro que lo **entendía.**
Yo que tú **me presentaba** al examen.

■ En el pasado.

PLUSCUAMPERFECTO DE SUBJUNTIVO — *CONDICIONAL COMPUESTO*
Si **te hubieras/hubieses encontrado** en esa situación, **habrías hecho** lo mismo que yo.

Si **hubierais hablado** del tema, seguramente lo **habríais solucionado.**
(= evocamos algo irreal, que no ha sucedido en el pasado)

■ A veces sustituimos el Condicional Compuesto por otro Pluscuamperfecto de Subjuntivo.

Si hubierais llegado antes **habríais podido** / **hubieseis podido** saludar a Jaime.

■ En este caso se tiende a utilizar la forma en **-ra** si se ha utilizado en la primera parte de la condición la forma en **-se**, y viceversa.

Muchas veces se presupone la condición "si yo me hubiera encontrado en esa situación" o "si yo hubiera estado en tu lugar".

Yo **habría ido** a verle.
Yo **(que tú) habría pedido** que me devolvieran el dinero.

■ A veces valoramos la situación imaginaria que no ha llegado a suceder. También en este caso pueden usarse indistintamente el Condicional Compuesto o el Pluscuamperfecto de Subjuntivo.

Lo mejor habría/hubiera/hubiese sido hablar con él. Todo se habría arreglado.
Habría/hubiera/hubiese estado bien poder encontrarnos en París..

■ Para reprochar a alguien algo o lamentarnos de que no ha sucedido algo, se usa:

	CONDICIONAL	PARTICIPIO PERFECTO (INFINITIVO + PARTICIPIO)
PERSONAL	**Tendría/s que**	**haber estudiado** más para el examen.
	Debería/s	**habérselo comentado** a Arturo.
IMPERSONAL	**Habría que**	**habérselo** dicho a Juan.

En la lengua coloquial, es frecuente en estos usos, en lugar del Condicional de **tener, deber** y **haber,** el Imperfecto de Indicativo.

IMPERFECTO DE INDICATIVO
Tenías que haber estudiado más.
Debías habérselo comentado.
Había que habérselo dicho a Juan.

■ Para aludir a algo que ha sido posible en el pasado pero que no se ha producido.

CONDICIONAL O IMPERFECTO DE INDICATIVO
Podrían / **Podían** **haberse quedado** a dormir en casa, pero quisieron ir a un hotel.

■ Para reprochar es frecuente:

CONDICIONAL O IMPERFECTO DE INDICATIVO
Podrías / **Podías** haberme avisado, ¿no? Yo no sabía nada.

COMO SI

A veces utilizamos, para describir una situación o una acción, una comparación con algo imaginario en simultaneidad con la oración principal.

PRESENTE *SIMULTANEIDAD*
Vive **como si fuera** millonaria.(= "no lo es")

PASADO *SIMULTANEIDAD*
El cielo **estaba** de un color rarísimo, **como si estuviéramos** en otro planeta.
(= "no estamos en otro planeta")

O bien con algo imaginario en anterioridad con la oración principal.

PASADO *ANTERIORIDAD*
Al verme, **reaccionó como si hubiera visto** un fantasma.

PRESENTE *ANTERIORIDAD*
Hablas **como si yo te hubiera ofendido.**

PONERSE/PONERLE

- Con los pronombres **me/te/se/nos/os/se.**

Me pongo *triste cuando veo lo difícil que es entenderse.*
(el sujeto soy yo)

Se puso *muy triste cuando le dijimos que no podíamos ir.*
(el sujeto es él/ella)

- Con los pronombres **me/te/le/nos/os/les.**

Me pone *triste* *ver lo difícil que es entenderse.* / *esta situación.*
(el sujeto es: ver lo difícil/esta situación)

Le ponen *triste las discusiones entre sus hermanos.*
(el sujeto es las discusiones)

Como estos verbos se comportan algunos que hemos visto en la unidad anterior.

sorprenderse de algo/al + *INFINITIVO*
enfurecerse por algo/al + *INFINITIVO*
entusiasmarse con algo
molestarse por algo
irritarse por algo

HABLAR DE HABILIDADES

- **Se + me/te/le/nos/os/les + dar.**

Con nombres de especialidades **(la informática, la cocina, las matemáticas,...)**, de instrumentos o herramientas **(los ordenadores, los fogones,...)** y con verbos **(cocinar, hablar en público,...).**

La informática **se me da fatal.**
A Antonio, los ordenadores no **se le dan** *muy bien.*

- **Salirle (bien/mal/bueno/redondo/perfecto).**

Con nombres de productos.

Los discursos en público **le salen muy emotivos.**
Las paellas **le salen riquísimas.**
Los cuadros al óleo **le salen perfectos.**

- **Ser un... + para/en.**

Soy **un** *desastre/negado/inútil* **para** *la música.*

Ana **es** **un** *genio* **para** *la informática.* / **un** *as* **en** *informática.*

■ **Ser muy bueno/malo** + Gerundio **/en.../para...**

Lidia es **muy buena**	**en** matemáticas. **calculando** de memoria.
Gerardo es **malísimo**	**para** los deportes. **jugando** al fútbol.

■ **Ser capaz/incapaz de...** + Infinitivo.

Es **capaz de** hacer un traje en tres horas.
Soy **incapaz de** seguir el ritmo. Me parece un tipo de música muy difícil.

■ **Tener...** + (adjetivo) + nombre **(+ para** + nombre/verbo).

Valentín **tiene (mucha) facilidad para** los idiomas/la música/el teatro.
Tú **tienes (muy) buena voz/buena vista/buen oído/buen olfato.**
Pablo Gómez **tiene don de gentes/carisma/buena imagen.**

PERÍFRASIS VERBALES (II)

■ Para expresar una acción pasada reciente.

ACABAR DE + *INFINITIVO*

Acabo de llegar ahora mismo.
Cuando **acababa de** llegar, entró Patricia.

Cuando ~~acabé~~ de llegar...   Cuando he ~~acabado~~ de llegar...

Atención:
Acabar de + Infinitivo, además de expresar "acción pasada reciente" tiene otro significado:"terminar de hacer algo". En este caso sí es posible utilizarla con tiempos verbales como los tachados.

Ayer, cuando **acabé de comer** me eché una siesta. (= cuando terminé de comer)

■ Para expresar una acción futura inmediata.

ESTAR A PUNTO DE + *INFINITIVO*

Ahora voy para allá. **Estoy a punto de** salir de casa.

IMPERFECTO
Estaba a punto de salir cuando llegó Jaime.
(= no se informa de si salí o no)

INDEFINIDO O PERFECTO
Estuve a punto de irme a vivir al Canadá. (= no me fui, pero casi)
He estado a punto de ir a recogerte al trabajo. (= no he ido, pero casi)

CIRCUNSTANCIAS TEMPORALES

- Sin precisar.

Al llegar a la facultad me di cuenta de que me había olvidado la carpeta.

Antes / **Después** **de llegar** a Sevilla, llama a Rocío.

Me lo dijeron **en el momento de empezar** la reunión y no me dio tiempo a llamarte.

- Precisando.

Se enteró **justo al regresar** de las vacaciones de Semana Santa.

Justo / **Inmediatamente** } **antes** / **después** **de llegar** a la fiesta vimos a Guillermo.

Me lo dijo **justo en el momento de llegar** Pedro y fue bastante violento, la verdad.

En el momento preciso de salir, me llamaron por teléfono y, claro, llegué tarde.

VERBOS Y EXPRESIONES CON PREPOSICIÓN (VI)

ENTERARSE DE + *NOMBRE/* que + *INDICATIVO*	**¿Te has enterado de que** Yoli y Josu **se casan**? **Se han enterado** ya **de** la boda Josu y Yoli.
(NO) HACER BIEN + *GERUNDIO/* en + *INFINITIVO*	No sé si **he hecho bien llamándole.** **No has hecho bien en llamarle.**
RECUPERARSE DE + *NOMBRE*	Dicen que Eli **se ha recuperado** muy bien **de su enfermedad.**
SER CAPAZ/INCAPAZ DE + *INFINITIVO*	Alex **es incapaz de comportarse** como un adulto.
SER CONSCIENTE DE + *NOMBRE/* que + *INDICATIVO*	**¿Eres consciente del problema** que tienes? No **eres consciente de que tienes** un problema.
SER TORPE + *GERUNDIO*/en + *NOMBRE*	**Soy torpe en ciencias,** pero me defiendo en lenguas. Iván **es** muy **torpe cocinando.**

CENTRARSE EN	La charla **se centró en** el problema de la tierra.
CONVENCER DE	Trató de **convencerme de** la conveniencia de firmar esos papeles.
DISFRUTAR DE	A mí, lo que de verdad me gusta es **disfrutar de** mis amigos los fines de semana.
DUDAR DE	Nunca **dudes de** la palabra de Antonio, es muy honesto.
HABLAR DE	En la tele siempre **hablan de** lo mismo. Es un aburrimiento.
TENDER A	Las nuevas generaciones **tienden a** ser más solidarias.

FORMACIÓN DE PALABRAS (V): ADJETIVOS

Existen varias maneras de formar adjetivos con sentido opuesto a otros, o que niegan una cualidad o característica.

- Con el prefijo **a-** se expresa ausencia de una propiedad.

  amoral **a**típico **a**simétrico **a**sexual

  Ante vocal, el prefijo es **an-**.

  analfabeto **an**ovulatorio

- Con el prefijo **des-**: carencia o privación.

  deshonesto **des**leal **des**igual **des**organizado **des**confiado

- Con el prefijo **in-**: carencia de una propiedad.

  intolerante **in**cuestionable **in**justo **in**voluntario **in**necesario

  Modificaciones:

in +	p	**imp**osible
	r	**irr**acional
	l	**il**ógico

- Con **anti-**: "que se opone a".

  antiimperialista **anti**aéreo **anti**gripal **anti**nuclear

EL/LA/LOS/LAS + DE: IDENTIFICAR A ALGUIEN YA MENCIONADO

Cuando queremos aludir a un miembro de un conjunto, ya mencionado, y no queremos o no podemos repetir el sustantivo o su nombre propio, lo identificamos con una característica o con un tema con el que se le ha relacionado.

Los Martín Paños tienen tres hijas: Bárbara vive en Alemania y tiene un restaurante. La segunda hija, Laura, trabaja en un hospital en Lyon. Bibiana es la pequeña y vive en Milán. Tienen una boutique.

	PODEMOS REFERIRNOS A ELLAS COMO		
Bárbara:	**la de** Alemania	**la** mayor	**la del** restaurante
Laura:	**la de** Lyon	**la** segunda	**la del** Hospital
Bibiana:	**la de** Milán	**la** pequeña	**la de la** boutique

SUBORDINADAS SUSTANTIVAS (IV): INDICATIVO/SUBJUNTIVO

- **Que** + verbo en Subjuntivo nos permite referirnos a cualquier acción sin afirmar si esta sucede o no.

Que los niños hoy en día no **lean**...	(no afirmamos si leen o no)
Que haya muchas personas solas...	(no afirmamos si hay o no)
Que la gente **sepa** idiomas...	(no afirmamos si saben o no)

Con este recurso podemos formular opiniones o valoraciones, expresar dudas o convicciones, dar explicaciones, etc.

Que *los niños hoy en día no* ***lean***
- *puede deberse a que tienen otras diversiones.*
- *me parece horrible.*
- *es probable.*
- *lo encuentro muy preocupante.*
- *no es tan evidente.*
- *yo no me lo creo.*

- En cambio, cuando queremos declarar algo, por ejemplo, informar de que "los niños hoy en día no leen", se usa Indicativo.

Que los niños hoy en día no ***leen***
- *es evidente.*
- *nadie lo discute.*
- *lo sabemos todos.*

- Con verbos que afirman una realidad: **es evidente, nadie lo discute, lo sabemos todos,** etc.

En forma afirmativa: el Indicativo es de uso obligado.

Que los niños ***leen*** *es evidente.*

En forma negativa, admiten Indicativo o Subjuntivo, de acuerdo con la regla anteriormente facilitada.

Que los niños hoy día no ***lean*** *no es evidente.*
(el hablante no se pronuncia)

Que los niños hoy día no ***leen*** *no es evidente.*
(el hablante se pronuncia: "No es evidente pero puede ser cierto")

- Con verbos que dejan en suspenso una realidad: **es posible que..., es probable que..., puede que...** es exigido el Subjuntivo.

Es posible que los niños no ***lean****, pero habrá que demostrarlo.*

!

Atención:
Un pequeño truco: si podemos suprimir **que** y la frase principal sigue teniendo el mismo sentido, y va en Indicativo.

Que esa empresa ***va*** *muy mal,*	*yo lo veo muy claro.* *es indiscutible.* *está claro.*	(= esa empresa va mal)
~~Que~~ esa empresa ***vaya*** *muy mal,*	*~~yo lo veo muy claro.~~* *~~es indiscutible.~~* *~~está claro.~~*	(= esa empresa va mal)

JUICIOS MORALES

Eso **Robar** **Que alguien robe** por necesidad	**está bien/mal.** **no está bien.**	
	me parece **lo veo** **lo encuentro** **lo considero**	bien/mal. comprensible/justificable/ inadmisible/vergonzoso/... una vergüenza/una injusticia/...

USOS DEL CONDICIONAL: EL FUTURO EN EL PASADO

- Cuando el punto de vista es un momento del pasado y desde ese punto de vista nos referimos a una acción posterior, esta va en Condicional. Es como el futuro del pasado.

Estaba en su casa de Ibiza sin saber que unos días después **llegaría** su hermana
(la acción de **llegar** es futura respecto a la de **estar**)

El martes me **dijo** que **llegaría** el miércoles.
(la acción de **llegar** es futura respecto a la de **decir**)

En lugar del Condicional, puede usarse la perífrasis **ir a**; entonces, el verbo **ir** va en Imperfecto de Indicativo.

Me dijeron que **iban a intentar/intentarían** solucionarlo cuanto antes.

- Esto es frecuente con verbos de pensamiento en la oración principal.

VERBO DE PENSAMIENTO	+	*CONDICIONAL*
Ella **contaba** con Ella **creía** **Confiaba** en Ana **pensó**		que nadie la **descubriría.**

CONSTRUCCIONES CONDICIONALES (IV): CONDICIONALES CON DE

Cuando el sujeto de la condición se puede presuponer, puede expresarse la condición con **de** + Infinitivo.

INFINITIVO COMPUESTO	*PLUSCUAMPERFECTO DE SUBJUNTIVO O CONDICIONAL COMPUESTO*
De haber sabido que estabais aquí,	**no hubiera quedado** con Alberto.
De haberme dicho que había otros niños,	me **habría traído** a mi hijo.
De haberme avisado,	yo **habría ido** enseguida.

LAS ACCIONES Y SUS CONSECUENCIAS

RESULTAR + *PARTICIPIO/ADJETIVO*	SALIR + *PARTICIPIO/GERUNDIO*
Resultó **perjudicado/vencedor.**	Salió **beneficiado/ganando.**

ACABAR / TERMINAR + { *GERUNDIO* / por + *INFINITIVO* / con + *NOMBRE* }

Acabarás cediendo.
Terminarás por ceder.
Acabarás con problemas.

ARGUMENTAR

Consulta las pág. 134-135 de *Gente con derechos*.

EL GERUNDIO EN FORMA NEGATIVA

- Si es un complemento circunstancial de modo del verbo, la negación es con **sin** + Infinitivo.

Lo hizo dándose cuenta.	*Lo hizo **sin darse** cuenta.*
Abandonó el lugar despidiéndose.	*Abandonó el lugar **sin despedirse.***

- Si es una explicación del sentido del verbo, entonces se mantiene la negación del Gerundio.

Creo que hiciste bien ayudándolos/al ayudarlos.
*Creo que hiciste mal **no ayudándolos/al no ayudarlos.***

VERBOS Y EXPRESIONES CON PREPOSICIÓN (VII)

ACUSAR DE	*La **han acusado de** ser cómplice de asesinato.*
CONFIAR EN	*Actualmente, ya no se **confía en** la Justicia.*
CORRESPONDER A	*La taquilla 123 le **corresponde a** Jorge Pedroche.*
ESTAR DE ACUERDO EN	*No **estoy de acuerdo en** ese punto, es muy injusto.*
NEGARSE A	*Esta vez **me niego a** asumir el trabajo de Pedro, es un vago.*
PARTICIPAR EN	*¿Este año no **participas en** la campaña electoral?*
REFUGIARSE EN	*¡No puedes seguir **refugiándote en** sus brazos!*
RESPONSABILIZARSE DE	*Debes **responsabilizarte de** lo que haces, y no salir huyendo.*
SER RESPONSABLE DE	*¿Crees que Alex **es responsable de** lo que pasó en la fábrica?*
TENER LA CULPA DE	*Debes entender que él no **tuvo la culpa de** lo que pasó.*
SER CULPABLE DE	*No **somos culpables de** lo que pasó, por eso estoy tranquila.*

- En muchas ocasiones, la ausencia o presencia de la preposición, hace que cambie el significado del verbo.

***Acaba/Termina** la sopa, Mafalda.*

***Acaba/Termina de ganar** un premio muy importante.*
(= una acción recién terminada)

***Hemos aprovechado** la mesa para la salita.* (= significado neutro)
*El gobierno **se aprovecha de** la buena stiuación económica mundial para adjudicarse méritos que no son suyos.* (= actitud poco ética)

***Cuenta las cajas** de libros.* (= explicar algo o calcular la cantidad)
Cuento con Guillermo
***Cuento con que seremos** diez*
para fiesta. (= disponer o creer que se dispone de algo o de alguien)

***Pienso cambiarme** de piso pronto.* (= tener la intención de hacer algo)
***Pensaré en** ti para la próxima plaza de becario.* (= tener en cuenta, tener en consideración)

gente

Nueva Edición

Libro del alumno 3

Autores:
Ernesto Martín Peris
Nuria Sánchez Quintana
Neus Sans Baulenas

Coordinación editorial y redacción: Nuria Sánchez, Antonio Vañó y Montse Belver
Corrección: Montse Belver y Nuria Sánchez
Documentación: Olga Mias

Diseño y dirección de arte: Ángel Viola
Maquetación: Ronin Estudios / David Mateu
Ilustraciones: Pere Virgili / Ángel Viola / Ronin Estudios
Diseño de portada: Enric Font

Imágenes:
Fotografías: Martina Soler: pág, 10 (diccionarios); Album Archivo Fotográfico: pág. 18 (fotogramas); Tornasol Films, S.A: pág18 (fotograma *El hijo de la novia*); Kobal: pág. 25 (fotogramas *Como agua para chocolate*); Album / Museo Del Prado: pág. 27 (cuadros); Cover Agencia De Fotografía: pág. 28 (Frida Kahlo), pág. 30 (Gorvachov), pág. 74 (festival en La Paz, festival en Guelaguetza), pág. 82 (cabeza con triángulos); Shirin Ebadi: pág. 28; Maison Albert Schweitzer: pág. 30 (A. Schweitzer); Agencia EFE: pág. 30 (Wangari Maathai); Luis Rock: pág. 34 (Patagonia Argentina); Alfredo y Sonia S. K.: pág. 35 (Patagonia Argentina); Secretaría De Turismo De La Nación De La Republica Argentina: págs. 34-35; Alberto Rozados: pág. 37 (escalada); Rainer Bickel: pág. 38 (jungla guatemalteca); Pau Cabruja: pág. 38 (desierto); Gerard Canadell: pág. 40 (Machu Pichu); Jaime Corpas: pág. 41 (Iguazú); Evan Earwicker: pág. 55 (Silvia); David Clark: pág. 57 (familia con niñas); Aula De Cultura De Getxo: pág. 59 (cartel Festival de Jazz de Getxo); Patterson Graham: pág. 59 (modelo); Bojan Senjur: pág. 66 (olivo); Mikael Cronhamm: pág. 66 (detalle olivo); Montse Teixidó: pág. 66 (aceitera); Robert Aichinger: pág. 70 (uvas); Juan Martín Socorro: pág. 70 (mate); Anna Labate: pág. 70 (café); Ayuntamiento De Huesca: pág. 74-75 (danzantes de Huesca); Programas Internacionales del TEC de Monterrey (Campus Monterrey): pág. 86 (personas trabajando); Montse Belver: pág. 95 (pareja concursante).

Razones ajenas a la editorial han impedido disponer de la autorización expresa para reproducir algunas de las imágenes.
La editorial Difusión agradecerá cualquier información al respecto.

Textos:
© *El hijo de la novia*, Juan José Campanella y Fernando Castets; *Héctor*, Gracia Querejeta y David Planell; *Dos palabras* en *Cuentos de Eva Luna*, Isabel Allende (1990); *Como agua para chocolate*, Laura Esquivel (1989); *El puercoespín mimoso* en *Despistes y franquezas*, Mario Benedetti (1990); *Última entrevista* en *Inmovilidad en los barcos*, Cristina Peri Rossi; *Canto a la libertad*, José Antonio Labordeta (1976); *Manifiesto*, Victor Jara (1973); *El rayo que cayó dos veces, Monólogo del Mal, Monólogo del Bien, La buena conciencia* en *La oveja negra y demás fábulas*, Augusto Monterroso (1969); Diario El País, S.L. Textos de Luis Rojas Marcos, Clara Terreno, Miguel Ángel Díaz y Natalia Cácamo, Susana Moreno; Diario del Alto Aragón; Diario La Vanguardia,S.L. Textos de : Josep Playà Maset.

Infografía: Pere Arriaga / Àngels Soler

Material auditivo (CD y transcripciones):
Voces: Argentina: María Inés Molina; Chile: Camilo Parada y Ortiz; Colombia: María Isabel Cruz; España: Roberto Castón, Santiago Macías, Nuria Sánchez Quintana, Amalia Sancho, Antonio Vañó, Víctor J. Torres, Rosario Fernández, Pablo Garrido; Francia: Sabrina Meini; Uruguay: Sergio M. Curuchet; © Fragmento audio de la película *Héctor* Elías Querejeta PC; © Fragmento audio de la película *El hijo de la novia* Tornasol Films, S.A.
Música: Juanjo Gutiérrez. **Grabación:** Estudios Audio-Lines y CYO Studios, Barcelona.

Agradecimientos:
Sociedad Argentina de Autores y Compositores, Fundación Violeta Parra, Isabel Parra, Rosa Villa, Ana y Alberto Rozados, Bibiana Abelló, Mireia Boadella, Roberto Castón, Jaime Corpas, Agustín Garmendia, Eva LLorens, Mila Lozano, Núria París, Sara Polo, Eduard Sancho, Lola Segura, Lourdes Teixidó, Carlos Yélamos, María Sanchez, Darryl Clark, Ramón Rey

ISBN (versión internacional): 978-84-8443-188-6
ISBN (versión húngara): 978 963 9572 62 1
Depósito Legal: B-49264-2004

Nueva edición revisada (mayo 2006)

Impreso en España por Tallers Gràfics Soler S.A.

difusión
Centro de Investigación y Publicaciones de Idiomas, S. L.

C/ Trafalgar, 10, entlo. 1ª
08010 Barcelona
Tel. (+34) 93 268 03 00
Fax (+34) 93 310 33 40
editorial@difusion.com

www.difusion.com